모든 노동에 바칩니다

모든
노동에

비정규직 없는 세상을 위한 사회헌장

바칩
니다

비정규직 없는 세상만들기 네트워크
전국불안정노동철폐연대 ___ 지음

왜 '노동자의 권리'를 말하는가?

비정규직은 당연하지 않다

참 생소했던 말이 있습니다. 바로 '비정규직'입니다. 20여 년 전만 하더라도 비정규직은 일부 특수한 사람들한테만 적용되는 일이라고 치부되었습니다. 나와 내 가족이 관심을 기울일 만한 게 아니었습니다. 그러니 비정규직 노동자들의 치열한 투쟁이 없었다면 비정규직 문제는 세상에 드러나지 못했을 겁니다. 그것이 얼마나 심각한 사회문제인지도 미처 알아차리지 못했을 겁니다.

이제 비정규직은 낯설지 않습니다. 영화나 드라마 인물 중 하나 정도는 비정규직이 있어야 스토리가 짜일 만큼 주변에서 흔하게 볼 수 있습니다. 비정규직으로 사회에 첫발을 내딛는 게 새삼스럽지 않고, 정규직이 되려면 계약직을 거치는 게 순서라 여깁니다. 장래 희망이 정규직이라고 답하는 어린이도 있습니다. 섬뜩합니다. 발에 채는 게 비정규직이라 해서 비정규직이란 존재가 당연하게 여겨질 건 아닌데 말입니다.

언젠가부터 우리는 비정규직이 없는 세상을 상상조차 하지 않게 되었습니다. 마치 처음부터 비정규직이 있었던 것처럼요. 그렇지만 비정규직이 지금처럼 늘어난 건 정말 20여 년도 안 되었습니다. 노력하면 정규직이 될 거라는 말, 비정규직은 꼭 필요하다는 말, 정책적으로 보호하면 문제없다는 말, 그런 말들에 속지 않으면 좋겠습니다. 비정규직이 없어도 이 사회는 별일 없이 나아갈 겁니다. 기업이 가져가는 몫은 줄어들겠지만 노동자들의 권리는 늘어날 것입니다.

현장에서 만들어진 비정규직 사회헌장

언제든 해고될 수 있고 언제든 비정규직이 될 수 있는 지금 이 사회에서 살아가고 있는 우리의 삶과 노동은 참으로 불안정하고 고통스

럽습니다. 비정규직이 예외가 아닌 일반이 된 사회에서 사람은 그저 사고파는 상품에 불과합니다. 언제든 쓰다 버려도 좋을 존재로 전락해버렸습니다. 인간으로서 가지는 존엄과 노동자로서 마땅히 누려야 할 권리는 기업의 이윤 앞에서 하찮게 여겨질 뿐입니다.

이러한 '비정규 사회'를 무너뜨리기 위해서는 비정규직 노동자들뿐 아니라 우리 모두가 함께 싸워야 합니다. 비정규직 노동자들을 억압하고 착취하는 현장을 바꿔내는 것뿐 아니라, 비정규직 노동자들의 권리를 침해하는 법과 제도 또한 바꿔내야 합니다. 더 근본적으로는 일하는 사람들의 존엄과 권리를 가장 중요하게 여기는 사회를 만들어야만 비로소 비정규직 문제는 해결될 수 있습니다.

그래서 2011년 '비정규직 없는 세상만들기 네트워크'(약칭 '비없세')에서 〈비정규직 없는 세상을 위한 사회헌장〉을 제정하자고 제안했습니다. 인권의 가이드라인이 되어주는 〈세계인권선언〉처럼 이 사회의 가치 기준은 노동자의 권리여야 함을 말하기 위해, 지금 우리 사회에서 비정규직 노동자가 가져야 할 권리는 무엇인지, 그 권리는 어떻게 지켜져야 하는지를 정해보자고 한 것입니다.

모든 노동에 바칩니다

그리고 노동 현장에서 투쟁 현장에서 노동자들이 한데 모여 우리에게 어떤 권리가 필요한지를 이야기했습니다. 전문가 몇 사람이 모여 책상 앞에서 뚝딱 만들어낼 수도 있었지만, 고된 일터에서 투쟁하는 거리에서 노동자들이 몸으로 느끼고 절절하게 말해왔던 것들을 담아내는 것이 더 중요하다고 생각했기 때문입니다. 그렇게 모두가 함께 모여 만든 비정규직 사회헌장의 조항 하나하나를 짚어가다보면 이것이 내 얘기지 싶어 가슴 저리기도 할 테고, 미처 알지 못하고 생각지 못했던 권리를 발견하기도 할 겁니다. 이렇게 우리는 노동자라는 이름으로 연결되어 있습니다.

비정규직 사회헌장에 담긴 우리의 삶-노동-권리

현장에서 만들어진, 거칠지만 생생한 노동자들의 목소리를 담은 비정규직 사회헌장을 더 널리 알리기 위해 이 책을 만들었습니다. 18명의 노동자들이 자신의 삶과 노동을 이야기했고, 비없세와 전국불안정노동철폐연대에서 활동하는 6명의 활동가들이 각각의 권리 조항에 담긴 의미를 풀어썼습니다. 비정규직 사회헌장에 담긴 노동자

의 권리를 더 잘 설명하기 위해 18가지 조항을 4개의 장으로 재구성
했습니다.

　　1부에서는 비정규직이라는 이유로 인권이 지켜지지 않는 현
실에 대해 이야기했습니다. 사람이라면 마땅히 누려야 할 권리인데
도 비정규직이라는 이유로 침해받고 있습니다. 2부 역시 비정규직
이라서 갖지 못하는 권리에 대해 말했습니다. 정규직한테는 허락되
지만 비정규직한테는 허락되지 않는 권리가 있습니다. 노동자들이
단결해 투쟁하지 못하도록 기업은 노동자들을 분리해 차별하면서
자존심을 무너뜨리고 무기력하게 만들고 있는 겁니다. 그러니 우리
는 노동자의 권리에 대해 더욱 민감해져야 합니다. 비정규직 노동
자들의 현실이 변화되려면 아주 작은 인권 침해에도 문제 제기하고
싸워나가야만 합니다.

　　3부에서는 노동자의 권리가 보장되려면 법이 어떠해야 하는
지에 대해 이야기했습니다. 오늘날 노동 관련 법은 노동자에게 더
엄격하게 적용될 뿐 아니라, 노동자들을 옥죄고 비정규직을 양산하
는 것을 되레 정당화하고 있습니다. 노동자들은 법으로 규정된 최소

한의 권리를 인정받기 위해서도, 권리를 부정하는 악법을 폐기하기 위해서도 투쟁해야 합니다. 나아가 4부에서는 노동자의 삶을 구성하고 유지하는 데 필요하지만 아직 법으로 보장받지 못하는 권리에 대해 말했습니다. 법을 넘어서는 권리에 대해 끊임없이 이야기해야 하는 것은 지금보다 더 나은 노동하는 삶을 만들기 위해서는 꼭 필요한 일입니다.

우리가 바라는 세상, 비정규직이 없는 세상은 거저 만들어지지 않습니다. 노동자들이 단결하고 연대하여 투쟁하지 않으면 불가능합니다. 한편에서는 정교하게 잘 만들어진 법과 제도만으로도 충분하다고 하지만, 노동자들의 권리를 보장할 수 있는 법과 제도를 만들고 관철시키고 강제하는 힘은 노동자들에게서 나온다는 사실을 간과해서는 안 됩니다. 노동자들의 힘 없이는 제아무리 잘 다듬어진 법이라 할지라도 무용지물이라는 것을 우리는 너무도 잘 알고 있습니다. '단결-연대-투쟁'이라는 참으로 빤한 답이 정답인 것은 노동자들의 투쟁을 통해서 세상이 달라져왔다는 것을 바로 역사가 증명하고 있어서입니다.

더 많은 권리를 말해야 한다

2008년 12월 비정규직 노동자들이 모여 권리선언대회를 열었습니다. 그때 만들어진 비정규직 노동자의 권리는 11가지였습니다. 10년이 지난 지금 비정규직 사회헌장이 담고 있는 권리는 18가지입니다. 법과 제도로 요구하는 권리뿐 아니라, 법과 제도를 뛰어넘어 인간이라면 마땅히 누려야 할 권리까지 포함했기에 그 가짓수가 늘어난 것입니다. 그럼에도 아직 부족합니다. 직장 갑질, 일터 괴롭힘, 직장 내 성폭력 등 새로이 제기되거나 이제야 드러내게 된 문제들에 대해 더 적극적으로 말하고 논의해야 하기 때문입니다.

이렇듯 비정규직 노동자들이 가져야 할 권리는 고정불변의 것이 아닙니다. 폐기될 수도 생성될 수도 있습니다. 그래서 이 책을 만드는 내내 바라고 또 바랐습니다. 더 이상 요구하지 않아도 될 만큼 권리가 보장되기를, 더 나은 세상을 맞이하기 위해 필요한 권리를 제기할 수 있기를 말입니다. 노동자들이 직접 만든 비정규직 사회헌장을 널리 알리기 위해 이 책을 만든 만큼 시시때때로 펼쳐 보아 닳고 닳기를 기대합니다. 이 책을 연결고리 삼아 더 많은 노동자들이

모든 노동에 바칩니다

모여 더 많은 권리를 말할 수 있으면 좋겠다고 바랍니다.

그동안 많은 비정규직 투쟁이 있었습니다. 승리로 끝난 투쟁도 그렇지 않은 투쟁도 있었지만 그 투쟁들 덕에 지금의 세상이 만들어져 온 것은 틀림없습니다. 그렇기에 설령 실패할지라도 불가능하다고 손가락질 받더라도 다시 투쟁을 시작하는 것입니다. 여전히 희망을 품어도 좋은 세상이라는 걸 투쟁하는 노동자들이 보여주고 있습니다. 그러니 먼저 나선 이들과 함께 우리가 아직 갖지 못한 권리를 말하며 같이 싸울 수 있기를 소원합니다. 그랬을 때에야 비로소 비정규직 없는 세상은 만들어질 것입니다.

함께 만든 모두를 대신하여
안명희

차례

2부. 비정규직이라서 갖지 못한 권리

4부. 법을 뛰어넘는 권리

∞ 비정규직 없는 세상을 위한 사회헌장 ∞

오늘 우리는 더 이상 침해될 수 없는 노동자의 권리를 선언한다.

더 많은 착취를 위해 노동자의 권리를 없애려는 자본의 욕망을 부추기는 비정규직 체제로 인해 모든 노동자는 불행하다. 비정규직으로 일하며 차별과 고용 불안으로 고통받는 노동자, 해고되어서 이전의 관계로부터 강제로 단절되어버린 노동자, 일자리를 구하면서 불안정한 노동을 반복하는 노동자, 국적이 다르다는 이유만으로 권리를 빼앗겨버린 이주노동자, 그리고 영세한 자본 구조 때문에 안정적인 삶을 보장받지 못하는 영세사업장 노동자, 이 모든 불안정 노동자들의 삶은 점차로 힘들어진다. 정규직이라고 하더라도 불안정한 노동이 확산되는 현실에서는 계속 해고 위협과 노동조건의 하락 압박, 그리고 그 자리를 지키기 위한 경쟁으로 인해서 마찬가지로 불안하고 힘들다.

경쟁으로 관계는 파괴되고, 차별로 노동자의 자부심은 무너지며, 저임금과 장시간 노동으로 인간 존엄성이 훼손된다. 이런 현실을 변화시키려고 나서는 순간 '계약 해지'라는 이름으로 해고되고 생존의 위협에 시달린다. 노동자들은 살아남기 위해서 경쟁하거나 침묵한다. 이런 침묵 속에서 노동자들의 권리는 무너져 갔다.

비정규직 체제 안에서 우리가 노동자의 권리를 선언하는 것은 이윤보다 소중한 노동의 가치를 복원하기 위해서이다. 우리는 일하는 이들의 권리를 당당하게 선언함으로써, 큰 힘을 갖고 있지만 침묵과 순응으로 비정규직 체제를 용인해왔던 우리의 비겁을 벗어버리고자 한다. 자신만이 비정규직 문제를 해결할 수 있다고 나서며 정작 비정규직 노동자들에게 오히려 침묵을 강요하는 이들을 우리는 믿지 않는다. 노동자의 권리는 스스로의 투쟁으로만 찾을 수 있다는 것을 우리는 알기 때문이다. 이는 자신의 몸을 불살라 노동자의 길을 연 전태일 열사의 정신과, 죽음의 길 끝에서도 비정규직 철폐의 의지를 놓지 않았던 비정규직 열사들의 의지를 따르겠다는 선언이다.

오늘 우리가 선언하는 안전된 노동의 권리, 자신의 노동조건을 스스로 지키고 만들어나갈 권리, 인간의 존엄과 평등을 유지하고 공동체의 삶을 누릴 권리는 노동자 모두의 권리이며 함부로 침해당할 수 없는 권리이다. 비록 비정규직 체제로 인해 갈라지고 때로는 반목하기도 하지만 모든 노동자는 권리를 향한 도정에서 단결하고 연대할 수 있음을 안다. 일하는 모든 이들이 연대할 수 있다면, 비정규직 없는 세상을 만들고자 하는 우리의 발걸음은 단지 일부 노동자들이 정규직이 되는 데에서 멈추지 않을 것이다. 모든 노동자들의 권리가 존중되고, 모든 이들이 평등하게 노동하며, 자율적인 노동과 타인과의 협력을 만드는 세상으로 나아갈 것이다.

1. 안정된 고용은 노동자의 권리이다. 해고에 대한 두려움이 삶을 파괴한다. 계속 일하기를 원한다면 누구라도 계약 해지당하지 않고 일할 수 있어야 한다.

2. 차별은 노동자의 존엄을 파괴하고 무기력하게 만든다. 직무나 고용 형태, 성별과 국적, 연령을 이유로 차별해서는 안 되며, 특정한 성과 연령의 노동자를 비정규직 일자리로 내몰아서도 안 된다.

3. 비정규직 일자리라는 이유로 낮게 평가해서는 안 된다. 일의 자율성을 빼앗아 시키는 대로만 일하게 하거나 '보조 업무'라고 불리는 일만 하게 하거나 다른 이들의 일을 함부로 떠넘겨서도 안 된다.

4. 진짜 사용자가 책임을 져야 한다. 노동자를 고용해서 이윤을 얻으려는 자는 노동자를 직접고용해야 하고, 노동자들의 노동조건에 영향을 미치는 모든 이

들은 사용자로서 책임을 져야 한다.

5. 권리를 찾고자 하는 이들 모두가 노동자들이다. 특수고용 노동자, 문화예술 노동자, 가사 노동자, 실업자와 구직자, 해고자 모두 노동자로서 자주적으로 단결하고 투쟁할 권리가 있다.

6. 누구나 생활할 만한 임금을 받을 권리가 있다. 최저임금이 생활할 만한 임금으로 인상되어야 하며, 노동자들은 최저임금을 넘어서는 임금을 받아야 한다.

7. 노동시간에 대한 권리가 있어야 한다. 적정한 휴가와 휴식 시간을 누리고, 원하는 시간에 일할 수 있어야 한다. 사람이기 때문에 회사가 원하는 시간에 맞춰서 살 수는 없다.

8. 노동자는 죽지 않고 다치지 않고 일할 권리가 있다. 유해하고 위험한 업무는 안전장치를 해야 하며, 그 자리에 비정규직을 투입하면 안 된다. 위험하다고 생각할 때 노동자는 언제라도 작업을 중지할 수 있어야 한다.

9. 건강을 위협할 정도의 장시간 노동은 이제 그만해야 한다. 죽음을 부르는 야간 노동과 24시간 노동, 강제 잔업과 특근은 없어져야 한다.

10. 공간의 권리가 보장되어야 한다. 노동자는 업무에 필요한 공간이 있어야 하고, 쉴 공간도 있어야 하며, 밥 먹을 공간도 있어야 한다. 그 공간에서 노조 활동도 할 수 있어야 한다.

11. 호칭은 그 노동자에 대한 존중을 보여준다. 비정규직이라는 이유로 함부로 이름을 부르거나 반말을 하거나 비정규직이라는 이름으로 부르면 안 된다.

12. 노동자는 노동권에 대해서 교육을 받을 권리가 있으며, 자신의 업무나 고용 등에 대한 각종 정보를 제공받고 기업의 노동 통제 구조에 개입하고 바꿀 권리가 있다.

13. 근로기준법과 사회보험은 노동자 모두에게 적용되는 권리이다. 근로기준법이나 사회보험 적용에 제한을 두어서는 안 된다. 실업을 당했을 때 실업부조도 제공되어야 한다.

14. 일자리를 구하고자 할 때 공적인 고용서비스를 받을 권리가 있다. 민간 파견업체에 돈을 내지 않고 일자리를 구할 수 있도록 고용안정센터 등 공적인 고용서비스를 확충해야 한다.

15. 고의가 아닌 모든 손실 비용은 사용자가 책임져야 한다. 과적벌금, 손해 비용을 노동자들에게 함부로 떠넘겨서는 안 된다. 대납 제도도 없어져야 한다.

16. 노동자는 풍요로운 문화생활을 누릴 권리가 있다. 책을 읽거나 음악을 듣거나 사람들과의 관계를 형성할 수 있도록 시간과 공간이 제공되어야 한다.

17. 비정규직도 스스로를 대표할 권리가 있다. 노동조건의 향상을 요구하고 권리를 이야기하고 교섭하는 모든 권한은 비정규직 노동자 스스로에게 있다.

18. 노동자들은 위계와 경쟁을 거부하고, 같은 처지의 노동자들과 단결하고 투쟁하고 연대하고 정치적으로 나설 권리가 있다. 이것은 어떤 이유로도 제한되거나 형사처벌 대상이 되어서는 안 된다.

비정규직에게도 인권이 있다. "함부로 차별을 해서는 안 된다. 그 누구도 일터에서 다치거나 죽게 만들어서는 안 된다. 장시간 노동으로 삶을 파괴해서도 안 된다. 일터에는 쉴 수 있는 공간이 마련되어야 한다. 존중하는 호칭으로 불러야 한다." 이런 권리가 일터에서 당연하게 존중되려면 얼마나 많은 시간이 필요할까? 비정규직은 단지 임금이 낮고 고용이 불안정하기 때문에 문제가 되는 것은 아니다.

기업들이 비정규직 노동자들을 통제하기 위해서 일상의 차별과 권리의 침해로 노동자의 자존감을 무너뜨리고 무기력하게 만든다는 점에 주의를 기울여야 한다. 노동자들이 이런 현실을 수용하지 않아야 하고, 노동자의 권리에 더욱 민감해져야 한다. 사소한 인권 침해에도 계속 문제 제기하고 싸워나갈 때 비정규직 노동자의 현실도 변화할 것이다.

1부
노동자와 인권

이야기 하나

나에겐 내 삶의 자기결정권이 없다

14년 전 서른두 살, 나는 벽에 머리를 박으면서 수능 공부를 했다. 그렇게 해서 들어간 대학의 학과는 지금까지 졸업생 100퍼센트가 임용 합격한 '특수교육과'였다. 그런데 내가 들어가서 처음 만난 4학년들은 졸업하면서 50퍼센트 이상 임용에 떨어졌다. 특수교육 학과는 많이 생겼는데 특수교사는 적게 뽑았기 때문이다.

졸업만 하면 교사가 될 거란 생각에 들어온 대학은 내게 직업 훈련소 그 이상도 이하도 아니었다. 나는 내 꿈을 찾아 공부를 한 적이 없다. 그래서 내 삶이 어그러진 것인지도 모른다. 하지만 꿈을 갖고 대학에 온 나이 어린 동기들도 마찬가지였다. 우리들은 몇 해 전 선배들이 누린 혜택을 볼 수 없었다.

불안과 억울한 심정이 임용을 준비하는 나를 힘들게 했다. 그리고 당연한 결과로 나는 임용에 떨어지고 지방의 특수학교에서 기간제 교사로 일을 시작했다. 산과 바다가 아름답기로 유명한 곳에서 나는 죽고만 싶었다. 특수학교에서 만나는 정규직 교사들을 보면서 질투와 자격지심을 느꼈다. 출근길과 퇴근길에 하는 생각이란 '어떻게 하면 이 구질구질한 인생을 끝낼까?'였다. 정말 죽고 싶었다.

종종 뉴스에 취준생 자살 이야기가 나오는데 나는 그 심정을 이해한다. 내가 꿈꾸던 삶은 작고 소박한 내 보금자리를 갖는 것과 장을 보면서 떨지 않고 내 먹을 것을 구할 수 있는 것, 나이 든 부모님께 용돈을 드릴 수 있는 그런 평범하고 소박한 것이었다. 그러나 내게 이 평범한 삶이 주어지지 않았다. 나는 한 번도 남에게 과시하고 싶은 삶을 살고자 한 적이 없었다. 내 한 몸만 스스로 지키며 살아가길 바랐을 뿐인데, 나는 세상에서 버림받았다. 더 나은 미래를 위해 현재를 저당 잡히고, 성실하고 열심히 살았는데도 여기서 더 노력을 하라고 한다. '어떻게 여기서 더 아끼고 노력을 할 수 있단 말이야!' 나는 절망했다.

당시 나는 발달장애(자폐) 아이 3명, 정신지체 아이 4명인 초등 4학년을 맡았다. 그런데 내 옆 반 3학년은 2명, 5학년 1반은 3명, 5학년 2반은 4명이 학급 정원이었다. 모두 정규직 선생님이 맡고 있었다. 특수학교에 와서 보니 정규직 선생님들이 먼저 원하는 반을 선택하고 힘든 반은 신규나 기간제가 맡는 경우가 많았다. 바깥에서는 흔히 특수교사를 '천사' 등등으로 표현하는데, 이는 옳지 않아 보였다.

다행히 아이들과 지내면서 나보다 더 힘든 아이들에게 위로를 받게 되었다. 아이들과 하는 수업에도 어느 정도 자신감이 붙었고, 내 아픔보다 우리 반 아이들에게 집중했다. 1학기 중반 무렵 한 학생이 전학을 오게 됐다. 교무부장이 나를 불렀다.

"선생님 반 아이들이 많아서 힘든 건 아는데 내년에 분반할 수 있도록 이 전학생을 선생님 반에 넣었으면 좋겠어요. 조금 힘들겠지만 받아주세요."

"교무부장님, 이 전학생이 원래 3학년이라고 알고 있어요. 그리고 특수학교는 무학년제로 운영이 가능하지요. 우리 아이들, 특히 자폐 아이들은 적응하는 데 어려움을 겪는다는 거 잘 아시잖아요. 지금 4학년은 제가 오기 전, 기간제 교사가 석 달 있었고, 그리고 저에게도 이제야 조금 아이들이 마음을 주고 있어요. 현재 있는 아이들의 교육권을 생각했을 때, 저는 전학생을 받아들일 수 없어요."

나는 단호하게 말했지만, 교무부장의 생각도 단호했다. 결국 내가 얼굴을 붉히며 그만둔다고 해서 전학생은 3학년으로 갔다. 당시는 기간제 교사를 구하기가 힘들어서 내 요구가 받아들여졌지만, 10년이 지난 지금이라면 어떻게 됐을지 알 수 없다.

서울에서 기간제 교사 자리를 알아보았다. 나는 일반 학교의 특수학급 경력이 없고 나이가 많아 일을 구하는 것이 어려웠다. 경기 북부의 시골 학교에 3개월 육아휴직 대체 기간제 교사 자리를 겨우 구할 수 있었다. 다행히 학교에 있는 관사를 쓸 수 있어 나는 너무 행복했다. 육아휴직을 할 선생님이 내게 학급 업무를 인수인계해주고 내가 살 관사를 안내해줬다.

"어휴, 이곳에서 살 수 있겠어요?"

10년 정도 사람이 살지 않은 관사였다.

"월세 내지 않고 살 수 있는 것만으로도 얼마나 좋은데요. 생각한 것보다 넓고 좋아요. 저는 만족합니다."

나는 빈말이 아니라 정말 좋았는데, 정규직 선생님은 많이 걱정이 된다고 했다. 그러면서 자기도 임용 재수해서 합격했다고, 재수하는 동안 고생한 이야기를 하며 지금 임용 경쟁률로 보면 공부하라고 말하기 힘들지만 그래도 포기하지 말고 계속 공부하라고 말했다.

특수학교에서 7명의 아이들과 있다가 작은 시골 학교에서 2명의 아이들과 함께하니 천국이 따로 없었다. 그리고 특수교육지원센터 선생님이 친절하고 전문적이어서 특수학급을 운영하는 데 도움을 많이 받았다.

거의 매월 특수교사 모임이 있었는데, 나는 석 달 동안 참여하지 않았다. 기간제 교사라는 자격지심도 있었고, 석 달 후에도 내가 계속 이곳에서 일할 수 있을지 알 수 없는 상황이기 때문에 피했다.

시골 학교에서 장애가 심하지 않은 2명의 아이들과 함께 보내다보니 욕심이 생겼다. 이 학교에서 계속 근무하고 싶었다. 정말 간절하게 남아 있기를 원했다. 10월, 11월, 12월, 그렇게 석 달이 지나가고 계약이 종료됐다. 출산휴가를 갔던 정규직 선생님이 방학 기간에 근무하고 내년 3월부터 1년간 육아휴직을 한다고 했다. 나는 1월과 2월 동안 실업급여보다 더 적은 학력신장 강사료를 받으며 일했다. 그리고 다시 1년 더 계약을 할 수 있었다.

특수교육 대상 아이들을 가르칠 때, 아이들의 '자기결정권'을 중요하게 생각한다. 비록 장애가 있어도, 아니 장애가 있기에 더욱더 아이들의 자기결정권을 인정해줘야 한다. 그런데 나는 내 삶의 자기결정권을 제대로 누리며 사는지 부끄러웠다. 나는 내가 만난 아이의 졸업식까지 함께하고 싶었다. 그런데 내겐 자기결정권이 없다.

1년 계약직이 되어 지역 특수교사 연수에 참여하게 되었다. 학급 교육과정과 아이들의 개별화 교육과정 사례 발표를 하면서 나는 다른 교사들과 나를 비교했다. '도대체 내가 저들보다 못한 것이 무엇이지?' 나는 화가 나고 내 자신이 미워지기 시작했다. 그런데 나중에 알고 보니 이 지역은 정규직과 기간제 반반 정원인데, 정규직 선생님 휴직으로 대체된 기간제를 포함하면 기간제가 정규직보다 더 많았다. 그래서 내가 질투하고 부러워했던 사람들 대부분이 사실은 나와 같은 기간제 교사였다.

특수교사 회식 자리에서 기간제 교사를 하다가 정규직 교사가 된 선생님들의 이야기를 듣게 되었다.

"선생님은 나이도 있고 힘드시니 다시 임용을 보지 않기로 한 선택은 이해해요. 그렇다면 여기서 기간제 교사를 하는 것이 좋아요. 기간제 교사 자리도 많이 나고 사람 구하기 힘들어 차별도 거의 없어요. 그런데 경기 남부 도시는 차별이 심해요. 기간제 교사는 교사 취급도 하지 않고 정규 선생님들이 '강사'라고 부르기도 해요. 관리자(교감, 교장)들이 재계약을 빌미로 선물을 대놓고 바라기도 해요. 저는 15시간 이상 목숨 걸고 공부해서 임용에 합격했어요. 그래서 위장병을 선물로 받았지요."

"저는 여기 관리자들이 사람이 좋아서 차별하지 않는다고 생각하지 않아요. 여기도 사람 구하기 쉬워지면 남부랑 똑같이 할 거예요."

"저는 임용 떨어지고 기간제 하다가 결혼을 했는데, 관리자가 재계약하기로 해놓고선 계약을 하지 않았어요. 아이가 생기면 안 된다는 거예요. 정말 억울하고 속상했지요. 다른 기간제 자리를 찾다가 못 찾고, 아이 낳고 졸업 8년 만에 임용에 합격했어요. 이제 임용 합격해서 좋지만, 제가 공부한다고 스트레스 받아서인지 아이 몸이 약하고 예민해요. 아이를 생각하면 미안하지만, 또 아이를 위해서 그렇게 공부하고 합격한 거예요."

특수교사 회식 자리가 끝나고 정규직 선생님들만 따로 더 모인다. 일부러 그런 것은 아닌데 정규직 선생님들의 대화 내용은 자신들이 선택할 수 있는 학교일에 대한 이야기다. 기간제 교사는 계약이 종료되면 어떻게 할 것인지, 그리고 임용 준비를 계속하는 선생님들은 학교에서 허비되는 시간과 또 이런 모임으로 허비되는 시간을 최대한 줄여야 하기에 마음 편히 이야기를 나누지 못한다.

신설 특수학교 방문 연수가 있어 교육청 차를 타고 이동을 한 적이 있다. 그때 내 옆에 앉은 다른 기간제 선생님과 이야기를 나눴다. 내가 나이가 많으니까 이 선생님이 편했나 보다. 진로에 대한 고민을 내게 이야기했다.

"선생님, 저 간호과에 편입을 할까 생각해요. 임용은 정말 힘든 것 같아요. 임용 3번 떨어지니 너무 무서워요. 제가 합격한다는 보장이 있으면 어떻게든 공부하겠는데, 요즘 임용 경쟁률을 보면 이런 공부를 계속해야 할지 의문이 들어요."

"선생님, 간호사가 정말 하고 싶으면 간호과에 편입해서 공부하는 것은 좋다고 생각해요. 하지만 임용이 어려워서 간호사가 되는 거라면 간호과 편입 공부와 또 간호대 공부 시간을 모두 합해서 더 열심히 임용 준비를 하는 것이 좋을 것 같아요."

"선생님, 전 사실 바라는 것이 하나밖에 없어요. '정규직', 정말 정규직으로 일하고 싶다는 거예요."

말을 하다가 이 선생님이 운다. 울면서 말한다.

"제가 임용 스트레스를 너무 많이 받아서 한번은 공황장애가 왔어요. 제 동생에게 죽고 싶다고 하니까 저보고 죽으라고 해요. 제가 너무 무서워서 책상 아래에 숨었는데, 동생이 쫓아오면서 저보고 죽을 용기도 없는 인간이라 비웃고 갔어요. 제가 동생보다 공부를 훨씬 잘했어요. 동생 간호대 다닐 때 숙제도 대신해주고 그랬는데 저는 기간제 교사고 동생은 병원 정규직 간호사가 되어 저를 무시해요. 저는 정말 정규직이면 돼요. 정규직으로 일하고 싶어요."

우는 선생님의 등을 만지며 나도 눈시울이 붉어졌다.

2009년 배두나가 나온 영화 〈공기인형〉에서 일본인 할아버지가 평생 기간제 교사를 하면서 다른 사람의 소모품으로 살아온 인생에 대해 말하는 짧은 장면이 있다. 그냥 '정규직'을 원한다며 우는 선생님은 자신의 삶을 그런 소모품으로 끝내기 싫은 거다. 나도 그렇다. 그러나 이번 생에서 나는 내 삶을 스스로 선택하기에는 이미 늦은 것 같다.

최성희_전 특수학교 기간제 교사

차별은 인간의 존엄을 파괴한다

차별은 노동자의 존엄을 파괴하고 무기력하게 만든다.
직무나 고용 형태, 성별과 국적, 연령을 이유로 차별해서는 안 되며,
특정한 성과 연령의 노동자를 비정규직 일자리로 내몰아서도 안 된다.

- 비정규직 없는 세상을 위한 사회헌장 제2조

'차별'이라는 단어로 포털 사이트에서 검색하면 다음과 같은 내용이 나온다. "둘 이상의 대상에 특정 기준에 따라 우월을 따져 구별하는 행위를 말한다. 종교, 장애, 나이, 신분, 학력, 성별, 성적 취향, 인종, 생김새, 국적, 나이, 출신, 사상 등의 이유로 특정한 사람을 우대하거나 배제 또는 불리하게 대우하고, 정치적, 사회적, 경제적으로 평등권을 침해하는 행위이다." 이러한 차별은 노동자들의 편을 가르고, 노동자 개인의 위치와 지위를 구분짓는다. 이런 위계화는 단순히 정규직보다 비정규직의 임금이 낮고 노동조건이 나쁜 것만을 의미하지 않는다. 노동자들이 '노동자성'이라는 집단성을 잃고, 결국엔 인간으로서 존중받을 권리마저 상실하게 만든다.

의도적이고 기술적인 기업의 차별 전략

자본의 차별 전략은 미세하고 치밀하다. 차별에는 사회구조적인 맥락이 있다. 구조적인 맥락은 크게 세 가지로 나눌 수 있다. 첫째는 인적 속성에 의한 차별이다. 성과 연령, 학력, 이주노동자, 장애노동자

등의 특성을 내세워 차별하기도 하고 실습생이라고 차별하기도 한다. 둘째는 고용 형태에 의한 차별이다. 정규직인지 비정규직인지에 따라, 비정규직 내에서도 또다시 분리가 일어나는데 사내하청이라면 1차 하청, 2차 하청, 3차 하청 등으로, 기간제도 계약 기간에 따라 차별이 벌어진다. 또한 외주 노동자, 파견 노동자, 용역 노동자 등 이들 노동자들을 지칭하는 이름에서도 이미 위계가 내포되어 있다.

직무 혹은 업무에 의한 차별도 있다. 아무나 할 수 있는 일이라는 사회적인 저평가에 낮은 임금이 당연시되는 대표적인 경우가 청소 업무다. 이런 업무의 경우 외주·용역화 또한 쉽게 받아들여진다. 업무 평가에는 그 일이 중심 업무인지, 아니면 주변 업무인지를 나누는 논리가 포함된다. 기업은 업무를 쪼개고 나눈다. 거기에 전문성이라는 이데올로기를 덮어서 몇 개의 중심 업무만 남겨놓고 주변 업무를 확대시킨다. 채용 절차를 달리하는 것도 업무 위계를 나누는 기준으로 작용한다. 공무원이 대표적인 사례라고 할 수 있을 텐데 공채로 들어왔는지, 소규모 채용이나 비공식적인 절차를 통해 입사했는지에 따라 맡는 업무가 달라진다.

인적 속성, 고용 형태, 그리고 직무 위계라는 차별 구조는 따로 일어나는 경우보다 중첩되는 경우가 많다. 정규직이 하는 일은 중심 업무가 되고, 비정규직은 주변 업무를 하게 되는 식이다. 청소 같은 경우 사회적으로 저평가되어 임금이 낮고 노동조건이 좋지 않다. 그래서 여성이고, 학력이 낮고, 나이가 많은 사람들이 몰리게 된다. 사회적인 직무 평가와 인적 속성이 결합된 것이다. 이렇게 특정 업무에 대한 사회적 저평가 이데올로기는 강화된다.

기업은 차별 전략을 통해서 무엇을 노릴까?

차별은 노동자들의 신분을 줄 세운다. 이런 신분의 위계화는 강한 통제 효과를 일으킨다. 신분에 의한 차별은 임금, 부가급여 및 복지, 작업환경, 복장, 호칭, 언어 등 다양한 영역에서의 차별로 이어진다. 낮은 위계의 노동자들은 이런 차별을 내면화한다. 스스로 자신의 노동과 업무를 평가 절하하며 차별을 받아들이는 일이 생기는 것이다. 노동자들은 하위 위계의 노동자를 차별함으로써 차별을 재생산하기도 하는데, 이는 노동자와 사용자 간의 모순이 노동자와 노동자 사이의 모순으로 전환되는 것이다.

차별이 현장에서는 어떻게 벌어지고 있는지, 노동자들은 그 차별을 어떻게 내면화하는지 노동자들의 목소리를 통해서 들어보자.

"의사는 의사니까 당연하고, 차별이라고 생각을 못한다. 저부터도 그런데, 교수는 교수들 휴게실도 넓고 교수 식당도 따로 있는 것이 차별인데 노조도 그것을 건드리지 못하고 조합원들도 문제라고 생각을 못한다. 교수니까 당연히 그 사람들은 많이 배우고 그 지위에 있으니까 돈도 많이 받아야 하고 대우도 잘 받아야 한다는 인식이 있다." "의사에게 간호사는 당하고, 간호사는 간호보조원들에게 화풀이하고, 간호보조원은 간병인에게, 간병인은 청소하시는 분들에게 화풀이한다는 이야기도 많이 했다."(병원 정규직 간호사)

"환자와 계속 같이 있는 사람들이 우리들인데 간호사, 의사 교수들은 조금이라도 우리의 경험을 이야기하면 '문진에 방해되니까 그런 말 못하게 해라'라고 한다. 너무 아는 체하면 안 된다. 우리가 이야기를 해버리면 의사나 간호사들은 못 받아들인다. 자신들이 전

문가니까."(간병 노동자)

병원에서는 의사-간호사-간호보조원-간병인-청소 노동자 사이에 위계가 있다. 대부분 남성이고 학력이 높고 교수라는 호칭으로 불리고, 정규직이고, '중심 업무'를 담당하고 있는 의사에게는 높은 임금뿐만 아니라 교수 식당과 넓은 휴게실까지 주어지는 게 당연하다고 생각하게 된다. 비정규직이고, 주변 업무로 구분되어 간호보조원-간병인-청소 노동자라는 하위 위계로 갈수록 같은 노동자들 사이에서도 차별이 일어나는 것을 볼 수 있다. 같은 병원에서 일하지만, 같은 노동자라는 인식을 잃어버리는 것이다.

"차별을 많이 느끼는 것은 밥 먹을 때이다. 간부 식당, 노동자 식당 따로 있고, 반찬부터 다르다. 식당 아주머니들의 대우도 다르다. 화장실도 거의 간이화장실인데 여름철에는 구더기에 파리가 날리고, 겨울에는 똥덩어리들이 얼어 있다. 건설 노동자들은 당연히 그런 거라고 생각이 박혀 있다. 사람이 사는 데 기본적인 것, 먹고사는 것에서 오는 차별에서 내가 건설 노동자라는 것을 느끼게 된다. 어느 날은 점심 시간에 현장에서 합판 깔고 자는데 관리자한테 잔소리를 들은 적이 있다."(건설 노동자)

"한번은 출퇴근 카드를 잘못 찍어서 수정해달라고 하니까 옆에 있던 정규직이 '야, 너 파견 주제에 뭐 그런 거 신경 쓰냐'고 이야기했을 때 마음이 너무 아팠다."(파견 노동자)

차별에 따른 노동자 개인의 경험은 모욕과 무시로 기억된다. 이는 개인적 경험으로 기억되기 때문에 억울해도 참아야 한다거나, 내가 더 노력해서 정규직이 되어야 한다는 생각으로 이어진다. 그래서 노동자들이 자신의 권리를 제대로 이야기하기 어려워지는 것이다.

"컨베이어라인에서는 노동자들 역시 하나의 부품처럼 일할 뿐, 내 일이 중요한 일이라는 인식 따위는 없다."(사내하청 노동자)

"공단에 한번 발을 디디면 못 빠져나올 것 같다. 힘들다. 파견 업체를 통해 일을 알아보고 있는데, '아, 내가 여기까지 왔구나' 하는 허탈감이 들었다. 속상했다. 계속 나를 깎아내리는 거 같다. 주변의 시선, 그러다보니 내 삶도 자신이 없어진다. 사람들 만날 때도 예전에는 자신감이 있었는데 지금은 깊은 인간관계를 맺기 힘들다. 파견 때문에 인간관계도 멀어지고, 동창회나 친구 모임에 가기도 힘들어진다."(파견 노동자)

하청·파견 노동자라는 이유로 자신이 하는 노동뿐만 아니라 자신에 대한 가치와 인간 존엄을 상실하게 되는 것이다.

인간의 존엄성을 지키기 위해서 무엇을 해야 할까?

노동의 위계와 차별은 노동자들이 인간으로서 평등하고 존엄한 존재라는 인식을 잃어버리게 하고, 노동자들의 연대를 깨뜨린다. 인간으로서 존엄을 회복하기 위해서는 '모든 노동은 필요한 노동'이라는 '노동의 연계성'을 인식하는 것이 필요하다. 학교라는 공간은 학생을 가르치고, 급식을 제공하고, 경비와 행정 실무가 이루어지는 등 여러 업무가 연결될 때 '교육 현장'이 된다. 병원에서 의사가 환자를 수술하는 장면을 생각해보자. 의사가 수술을 시작하기 전에 수술실은 깨끗하게 청소되어 있어야 하고, 간호사가 수술을 도와주고, 전기실에서 전기가 공급되어야 수술이 시작될 수 있다. 중심 업무와 주변 업무가 있는 것이 아니라, 각각의 노동이 상호 연결되어 있을 때 해당 현장에서는 그 역할을 온전히 수행할 수 있다.

차별에 대한 대응은 집단적인 힘을 이룰 때 가능하다. 많은 현장에서 노동조합을 통해서 차별에 저항하는 것은 바로 그러한 이유 때문이다. 민주노총 공공운수사회서비스노동조합에서는 2012년 아시아나항공이 여성 승무원에게 치마 유니폼만 착용하도록 하고 머리 모양은 쪽진 머리로 규정한 것은 차별이라며 국가인권위원회에 진정하며 여성 노동자에 대한 복장 차별뿐만 아니라 여성성을 어떻게 활용하는지 알리는 계기를 만들었다. 전국금속노동조합 기아자동차지부 광주지회에서는 2013년 실습생에게 상여금을 지급하지 않는 것은 차별이라며 광주지방고용청에 진정을 했다.

이렇게 노동조합을 통한 집단적 저항은 지금도 확산되고 있다. 노동자들이 '집단성'을 회복한다면 개인이 경험한 차별과 무시를 개인화하지 않고 사회적인 문제로 이슈화할 수 있다. 앞으로도 우리는 인간의 존엄성을 파괴하는 차별에 저항하기 위해서 더 자주, 더 많이 노동조합으로 뭉쳐야 할 것이다.

박현진_전국불안정노동철폐연대 회원

모든 노동에 바칩니다

일하다 산재로 죽든지, 죽은 듯이 일하다 해고당하든지

안녕하세요? 저는 현대중공업 비정규직 노동자들의 노동조합인 사내하청지회의 사무차장 이정은입니다. 저는 지회에서 일하기 전 울산의 한 신문사에서 노동 담당 기자로 일했습니다. 그때 현대중공업 사내하청지회 하창민 지회장을 알게 된 인연으로 신문사를 그만둔 후 지회에서 일하게 됐습니다. 노동 담당 기자로 일하며 현대중공업과 현대미포조선 등 조선소에서 산재가 많이 발생한다는 사실은 익히 알고 있었습니다. 그런데 실제로 노조에서 일을 하고 보니 밖에서 보는 것보다 훨씬 더 심각했습니다.

제가 일을 시작할 무렵 지회에는 15명의 간부가 있었습니다. 어느 날 집회를 하기 위해 사무실에서 공장 앞으로 짐을 옮겨야 했는데 노조 차가 고장 났습니다. 멀지 않은 거리라 간부들이 직접 들고 가자고 하니 다들 "환자라 무거운 짐을 들기가 어렵다"고 했습니다. 노조 간부 15명 중 산재를 당했던 사람이 반이 넘었습니다. 파이프에 껴서 어깨를 다치고, 높은 데서 추락해 허리를 다치고, 무거운 물건이 떨어져 손가락이 뭉개지는 등 다친 이유도 다친 부위도 다양했지만, 공통점이 하나 있었습니다. 그것은 산재를 산재로 인정받기가 어려웠다는 것입니다. 현대중공업에서 산재를 당한 후 그것을 산재로 처리하는 것은 마치 홍길동이 아버지를 아버지라고 부르지 못하는 것처럼 어려운 일입니다.

　명찰을 떼거나 작업복을 아예 벗긴 후 관리자가 병원에 따라가 회사가 아닌 다른 데서 다쳤다고 거짓말을 시키는 건 너무나 흔한 일입니다. 심지어 노동자가 의식을 잃고 쓰러진 채 발견됐는데도 119를 부르지 않고, 회사 트럭에 실어 병원으로 옮겼다가 결국 노동자가 사망한 일도 있었습니다. 일하다 다쳐서 병원에 입원하고 수술을 받아도 병문안 한번 오지 않다가 산재를 신청한다고 하면 그때서야 전화를 걸어 산재가 아닌 공상으로 할 것을 회유하고 협박합니다. 공상은 회사가 산재보험으로 처리를 하지 않고 노동자에게 직접 보상을 하는 것이라서 치료 기간이 충분하지 않거나 후유증이 남을 경우에 보장이 안 됩니다. 하지만 기업의 입장에서는 산재를 은폐할 수 있으니 계속 공상 처리하라고 압박하는 것입니다. 하청업체들이 하는 짓입니다.

　회사의 회유와 압박, 그리고 무엇보다 산재가 끝난 후 재취업이 안 될지도 모른다는 두려움 속에 겨우 산재 신청을 해도 그 과정은 험난합니다. 회사에서 가라고 한 병원에 가서 진료를 받았는데 회사에서 일하다 다친 게 아닌 것으로 둔갑하거나 아예 진료 기록 자체가 없는 경우도 있었습니다. 소위 회사 지정 병원들이 하는 짓입니다.

　현대중공업 사내하청지회는 2012년부터 여섯 차례에 걸쳐 산재 은폐 실태조사를 벌였습니다. 실태조사를 통해 밝혀진 산재 은폐 사례들을 고용노동부에 고발했지만 고용노동부의 조사는 부실했습니다. 손등이 철판에 부딪혀 씻어지면서 다섯 바늘을 꿰맨 사례에 대해 고용노동부는 '소속 확인 불가'라는 결론을 내렸습니다. 하청 업체에서 일정한 물량을 주고 일을 시킨 후 일을 끝내면 즉시 해고하는 그룹, 즉 물량팀으로 사용했거나 또는 허위 출입증으로 고용했을 가능성을 확인하지 않은 것입니다. 애초에 산재 처리를 하지 않았다가 이후 산재 승인까지 받았음에도 휴업일*이 없다는 결론을 내린 사례도 있습니다. 고용노동부가 하는 짓입니다.

하청업체-지정 병원-고용노동부라는 세 마리 말이 끄는 산재 은폐 삼두마차를 지휘하는 것은 당연히 원청인 현대중공업입니다. 2016년 현대중공업 사내하청업체를 운영하다 폐업한 사장이 원청의 산재 은폐 지시를 폭로한 바 있습니다. 현대중공업 임원(상무보)이 자신이 관리하던 부서에서 산재가 발생하자 자신의 승진에 걸림돌이 된다며 하청업체에 산재 은폐를 지시한 것입니다.

현대중공업은 최근 몇 년간 산재 사망사고가 많이 발생하자 산재가 발생한 하청업체에 대해 벌점을 부과해 하도급 계약을 갱신할 때 불이익을 주는 정책을 시행했습니다. 얼핏 보기엔 좋은 정책 같지만 산재 발생 자체를 줄이기 위한 노력이 없는 한 이는 산재 은폐를 조장하는 정책에 불과합니다.

현대중공업이 산재 발생 자체를 줄이기 위해 노력하지 않고 산재를 은폐하는 방향으로 가는 것은 잘못된 법 때문입니다. 생산

---

* 휴업일은 산재 사고를 당했을 때의 요양 기간을 의미한다. 2014년 이후 3일 이상의 휴업 치료 발생 시 산재 발생 보고를 하도록 되어 있는데, 고용노동부는 2016년 산업안전법 시행규칙을 개악하여 산재 발생 보고를 4일 이상의 휴업일이 발생했을 경우로 더 완화해버렸다. 4일 이상의 휴업 치료가 아니면 산재 발생을 보고하지 않아도 된다는 것으로 기업의 산재 은폐를 더욱 쉽게 만드는 시행령 개악이다.

현장에 하청 노동자가 늘어가고, 그중에서도 힘들고 위험한 일을 하청 노동자들이 맡으면서 생산의 외주화에 더해 위험 역시 외주화되고 있습니다. 그런데 법적으로는 원청 공장 내에서 일어난 산재를 원청의 산재 건수에 포함하지 않고 하청업체의 산재로만 집계합니다. 현대중공업은 이런 잘못된 법 탓에 2009년부터 2013년까지 5년 동안 무려 1,000억 원에 달하는 산재보험료를 감면받았습니다.

산재는 줄지 않고 은폐만 늘어갑니다. 은폐로 인해 다시 산재가 늘어납니다. 늘어나는 산재로 사망하는 건 하청 노동자만이 아닙니다. 2014년 현대중공업그룹의 조선소 3곳에서 13명의 하청 노동자가 산재로 사망했습니다. 2016년 2월 20일 현대중공업 해양사업부에서 무려 무게 4톤의 구조물이 넘어지면서 정규직 노동자가 사망했습니다. 구조물을 고정하던 결박이 느슨해져 있었는데 이유가 무엇인지 아직도 밝혀지지 않았습니다. 하청업체에서 족장 해체 등의 작업을 하면서 결박된 것을 조절했을 거라고 추측할 뿐입니다. 4월 19일에는 하청업체 소장이 지게차를 운전하다 다른 작업 중이던 직영 노동자를 치어 사망케 한 사고도 있었습니다. 하루 전인 4월 18일에는 한 하청 노동자가 굴삭기 엔진 덮개와 붐대 사이에서 작업을 하던 중 그를 보지 못한 다른 하청 노동자가 붐대를 올리는 바람에 협착돼 사망했습니다. 모두 작업 전체를 제대로 관할하지 못해 일어난 사고인 것입니다. 하청지회는 정규직 노동자의 죽음 역시 하청 중심의 생산 구조 때문이라고 판단합니다. 2017년에는 현대중공업에서 11명의 노동자가 산재로 사망했는데, 그중 4명이 정규직이고, 7명이 하청 노동자였습니다.

현대중공업 사내하청지회에 조합원으로 가입하는 노동자 중

상당수는 산재를 당한 후 산재 처리 과정에서 노동조합의 도움을 받은 이들입니다. 산재를 당한 노동자들의 산재 처리를 도와주면서 99퍼센트의 산재 승인율을 자랑(?)하는 우리 노조의 노동안전부장님 역시 산재를 당한 후 산재 처리 과정에서 노조에 가입했고, 이후 자신과 같이 산재를 당하고도 산재 처리를 하지 못하는 노동자들을 돕고 있습니다. 노동안전부장님을 도와 산재 이유서를 작성하면서 기막힌 사연들을 많이 접합니다. 요새 가장 많은 사례는 회사의 회유와 압박을 뚫고 산재를 신청해 산재가 승인돼 요양을 하는 중에 계약 해지를 당하는 것입니다. 산재 요양 기간과 요양이 끝난 후 한 달 동안은 해고를 할 수 없도록 법에 정해져 있지만 이는 정규직에게나 유효한 조항입니다. 결국 현대중공업에서는 산재 처리를 하는 것이 노동조합에 가입하는 것만큼 쉽지 않은 일입니다.

현대중공업에서 2016년 다섯 번째 산재 사망사고가 일어난 직후 현대중공업 구조조정 소식이 언론에 보도되기 시작했습니다. 정규직 노동자 3,000여 명을 감원할 것이라는 소식이었습니다. 그보다 앞서 현대중공업에서 이미 2015년부터 2017년까지 1만 명에 가까운 하청 노동자들이 잘려나갔습니다. 아직 잘리지 않은 하청 노동자들도 매달 해고예고통보서를 받고 있습니다. 언제 잘릴지 모르니 회사 눈치만 보게 됩니다. 상황이 이러니 일하다 다쳐도 산재 신청은 꿈도 못 꿉니다. 현대중공업 등 조선소 하청 노동자들은 일하다 산재로 죽든지, 아니면 죽은 듯이 일하다 해고당하는 길밖에 없는 걸까요?

현대중공업 사내하청지회는 원청 현대중공업에 교섭을 요구하고 있습니다. 단 세 가지 요구안입니다. 첫째, 노동조합 활동 보장.

둘째, 하청노조의 산업안전보건위원회 참여 보장. 셋째, 총고용 보장입니다. 일하면서 다치거나 죽지 않을 권리, 산재가 발생했을 경우 산재 처리를 할 권리. 너무나 당연한 이 '권리'를 보장받고 인간답게 살 수 있는 길은 단 한 가지, 노동조합 가입뿐입니다.

이 글을 시작하며 "안녕하세요?"라고 물었습니다. 현대중공업 등 조선소 하청 노동자들의 안녕한 일터를 만들기 위해 현대중공업 사내하청지회가 앞장서겠습니다.

이정은_현대중공업 사내하청지회 사무차장

죽지 않고 다치지 않고 일할 권리가 있다

노동자는 죽지 않고 다치지 않고 일할 권리가 있다. 유해하고 위험한
업무는 안전장치를 해야 하며, 그 자리에 비정규직을 투입하면 안 된다.
위험하다고 생각할 때 노동자는 언제라도 작업을 중지할 수 있어야 한다.

- 비정규직 없는 세상을 위한 사회헌장 제8조

2016년 5월 28일 오후 5시 57분. 서울 지하철 2호선 구의역 9-4번
승강장. 스크린도어를 정비하던 정비업체 직원 김 씨가 스크린도어
와 열차 사이에 끼어 목숨을 잃었다. 김 씨는 서울메트로 정직원이
아닌 서울메트로가 용역을 맡긴 은성PSD 소속 직원. 안전 수칙에
따르면 스크린도어 수리 작업은 2인 1조로 진행해야 하지만, 김 씨
는 사고 당시 홀로 작업하고 있었던 것으로 알려졌다.

한 비정규 노동자가 공장에서 의식을 잃었다. 의식을 잃은 이
노동자는 구급차가 아닌 업체 '트럭'에 실려 병원으로 옮겨졌고, 이
송 도중 제대로 된 응급조치를 받지 못해 병원으로 옮겨진 후 30여
분 만에 사망했다. 왜 '응급차'가 아닌 '트럭'으로 환자를 이송했을
까? 119로 이송되었다는 기록이 남을 경우 회사가 산재 처리를 해
야 하기 때문이다.

산업재해, 너의 잘못이 아니야

구의역 스크린도어 사건 이후 안전과 '위험의 외주화'에 대한 사회

적 경각심이 높아졌지만 여전히 일터는 위험하다. 위험한 일터, 책임지지 않는 기업. 아직도 우리 사회는 일터에서 벌어지는 사고의 대부분을 '개인'의 책임으로 돌린다.

정부와 기업은 '안전하게 일할 권리'를 사회적으로 함께 고민해야 할 문제라기보다는 개인이 알아서 해결해야 하는 문제인 것처럼 홍보한다. 2015년 고용노동부에서 제작한 산업재해 광고에서 노동자들은 날이 더워 헬멧을 벗었다가 사고를 당하고, 음악을 듣다가 방치되어 있는 기계에 몸이 끼어 사고가 난다. 광고의 모든 장면이 개인이 '부주의'해서 사고가 나는 것처럼 묘사된다. 광고는 왜 땀을 뻘뻘 흘리는 노동자들에게 제대로 된 휴식 공간이 제공되지 않았는지, 왜 노동자가 몸이 끼어버린 기계에는 안전 설비가 되어 있지 않았는지에 대해서는 침묵한다.

정부와 기업은 노동자들에게 안전에 대해 교육할 시간을 보장하지 않으면서, 제대로 된 안전장비를 갖추지 않으면서 개인과 상황에 책임을 떠넘긴다. 사고가 난 후에야, 사회적으로 시끄러워진 후에야 점검을 하고, 조치를 취한다. 구의역 참사 이후 서울메트로와 협력업체를 상대로 특별감사를 벌인 결과 52건의 산업안전보건법 위반 사례가 무더기로 적발됐다는 이야기가 슬픈 이유다. 회사는 스크린도어 수리 업무가 위험하기 때문에 2인 1조 작업을 해야 하는데 홀로 작업했으므로 지침을 위반한 것이라고 주장했다. 하지만 인력이 부족해서 2인 1조 작업은 애초에 불가능했다는 사실이 밝혀지기도 했다. 참사가 벌어지기 전에 안전 조치와 인력 충원이 이루어졌다면 안타까운 죽음은 없었다.

드러나지 않는 산재

한국은 세계 최대의 산재공화국이다. 산재 사망자의 수는 2011년 이후 연간 2,000명을 넘어서 하루 기준으로 평균 6명의 노동자가 산재로 죽는다. 더 큰 문제는 이것이 어디까지나 '통계'에 잡힌 숫자라는 점이다. 2011년 기준으로 국민건강보험공단은 '산재 환자 중 건강보험으로 적용받다가 적발된 건수'가 40만 건에 육박한다고 발표를 한 바 있다.

산재가 감춰지는 배경에는 이윤 중심의 기업 운영도 있지만 허술한 법망과 제도도 일조한다. 2014년 현대중공업에서만 산재로 하청 노동자가 13명이 죽었지만 정부는 현대중공업의 산재보험료를 100억 원 넘게 감면해줬다. 위험한 업무와 무리한 공정이 하청 업체로 전가되었지만 현대중공업이 원청이 아니라는 이유로 산재에 대한 책임을 지지 않기 때문이다. 원청이 하청 노동자의 산재에 책임을 지도록 하는 입법 논의가 되고 있으나 현장에서는 실효성이 높지 않다. 산재가 많이 발생할수록 산재보험료가 오르고, 거꾸로 산재를 성공적으로 숨기면 산재보험료가 할인되는 개별실적요율제는 원청으로 하여금 위험한 업무를 외주화하도록 떠밀고, 산업재해를 감추도록 조장한다.

비정규직에게 더 위험한 일터

위험 업무만의 문제는 아니다. 2014년 국가인권위원회의 '산업재해 위험 직종 실태조사'에 따르면 규정대로 산업안전보건교육을 월 1회 이상 받은 경우는 조선업 53.4퍼센트, 철강업 67.5퍼센트에 불과했다. 교육이 이뤄지지 않기 때문에 노동자들은 무엇이 위험하며, 어떤 장비를 사용해야 하는지를 제대로 파악할 수 없다. 2016년 삼성전자와 LG전자 하청업체에서 메탄올에 중독돼 실명과 뇌손상을 입은 6명의 노동자들 역시 제대로 된 안전 교육을 받지 못했다. 본인들이 사용하는 것이 어떤 약품인지 몰랐던 이들도 있다. 안타깝게도 비정규직에게 일터에 대한 '알 권리'는 없다고 해도 과언이 아니다.

저임금과 고용 불안 속에서 장시간 노동과 야간 노동에 내몰리는 비정규 노동자들의 경우 문제는 더욱 심각하다. 정규직과 함께 일하는 대공장 비정규직 노동자들의 경우 정규직이 꺼려하는 작업이나 공정에 배치되는 경우가 많다. 정규직들이 기피하는 업무를 외주화로 돌려 비정규직으로 채우기도 하고, 조선소에서 위험한 공정은 비정규직을 배치하기도 한다. 2016년 9월 이정미 정의당 의원이 고용노동부에서 받은 〈조선업 3개 사 사망사고 발생 현황〉에 따르면 2012년부터 2016년 9월 2일까지 37명의 노동자가 산업재해로 숨졌다. 원청 정규직은 8명(22퍼센트)인 데 반해 사내하청 소속 노동자 등 비정규직은 29명(78퍼센트)으로 집계됐다. 산재 사망자 10명 중 8명이 비정규직이었다. 위험한 업무에 필요한 것은 충분한 안전장비임에도 불구하고, '비용을 아낀다'는 이유로 충분한 안전장비를 갖추지 않은 채 비정규직을 사용하고 있음을, 위험이 외주화되고 있음을 적나라하게 보여준다.

'산재'라고 외치지도 못해

노동자로 인정받지 못하기 때문에 산재보험의 적용을 받지 못하는 노동자들도 있다. '특수고용'*이라 불리는 노동자. 퀵서비스, 골프장 경기보조원, 학습지, 레미콘 기사 등 노동법상 노동자가 아니라는 이유로 사고가 나도 개인이 책임을 져야 하는 노동자들이 있다. 최근 산재법이 바뀌면서 이 중 일부 노동자들에게 산재보험이 적용되기 시작했다. 그러나 여전히 그 효과는 턱없이 부족하다. 퀵서비스 노동자들의 경우 특정 업체에 속한 전속기사는 산재보험료를 업체가 50퍼센트 부담하고, 비전속기사는 본인이 100퍼센트 부담한다. 그런데 회사에서는 이 비용을 부담하기 싫어 퀵서비스 노동자들에게 '산재 적용 제외 신청서'를 작성하도록 강요한다. 이를 쓰기 싫으면 회사를 그만두라는 식이다. 노동자가 산재 적용 제외 신청서를 쓰면 다른 회사로 옮겨도 산재보험을 들지 못하기 때문에 모든 책임을 다 노동자가 지게 된다.

산재로 인정되지 않는 부분도 많다. 사고가 아닌 직업병 산재는 산재로서 제대로 인정받기 힘들다. 특히 비정규직, 여성 노동자들은 직업병 산재에 더 취약하다. 비정규직의 경우 계약이 만료되면 직장을 옮기고, 어느 직장에서 어떤 일을 겪었는지를 제대로 확인하기 어렵기 때문에 직업병 산재를 파악하고, 이를 문제 제기하는 것은 어렵다.

여성 노동자들의 경우 성희롱과 감정노동, 유산 등의 재해를 겪지만 이것이 산업재해로 인정받는 것은 매우 어렵다. 민주노총에서 조사한 바에 따르면 여성 노동자의 40퍼센트가 성희롱을 당한

---

* 특수고용 노동자는 학습지 노동자나 보험 모집인 등 사용자와 근로계약서가 아니라 위탁계약서를 쓴다는 이유로 노동자성을 인정받지 못하거나, 대리운전 기사 등 사용자를 명확하게 특정하기 어렵다는 이유로 노동자성을 인정받지 못하는 이들이다. 근로기준법상 노동자로 인정받지 못할 뿐 아니라 노동조합법의 노동자로도 인정받지 못해서 노동3권을 제대로 행사하지 못하고 있다.

경험이 있다고 한다. 고객을 상대하면서, 환자를 상대하면서, 혹은 직장 상사에게 겪는 성희롱이다. 그러나 성희롱이 산재로 인정받는 경우는 거의 드물다. 감정노동의 경우도 마찬가지다. 콜센터의 경우 감정노동이 심한데도 노동자들이 문제를 처리할 권리가 별로 없기 때문에 고객들의 불만을 고스란히 감내해야 하고, 결과가 인사고과에 반영되기 때문에 더욱 심한 스트레스에 노출될 수밖에 없다.

'진짜 사장'은 왜 책임지지 않는가

노동자가 본인 일터에서 겪은 위험을 말할 수 있을 때 노동자들은 안전해질 수 있다. 공정에서 위험한 일이 벌어졌을 때 즉시 작업을 멈출 수 있는 작업중지권이 정규직/비정규직 모두에게 보장돼야 죽지 않을 수 있다. 산재 은폐를 독려하는 법이 바뀌어야 일터는 안전해질 수 있다. 하지만 무엇보다 중요한 것은 위험한 현장을 바꿀 수 있는 노동자의 힘이다.

　중공업이나 공단 지역 노동자들은 본인의 산재를 산재라고 말하는 것 자체가 생존을 건 싸움이 된다. 중공업 밀집 지역에 '블랙리스트'가 있다는 것은 이미 공공연한 사실이다. 하청 노동자가 위험을 무릅쓰고 산재를 신청하면 노동자는 블랙리스트에 오른다. 그러면 원청은 그 노동자가 속한 업체를 통째로 계약 해지하거나 그 노동자가 다시 조선소에 취업을 하지 못하도록 한다. 그러니 노동자 홀로는 대항하기 어렵다.

　직장에서 어떤 위험물질을 사용하는지, 이에 대한 안전 대책이 무엇이 있는지 확인하는 것도 노동자 개인의 문제 제기로는 쉽지 않다. 회사에 제대로 된 진상 조사와 재발 방지 대책을 요청하기 위해서는 노동자들이 노동조합을 통해 집단적으로 문제 제기해야 한다. 산재가 개인의 책임이 아니라 기업의 책임, 더 나아가 노동자들을 직접 사용하는 사용주들의 책임임을 드러내야 한다.

하청업체가 문제 해결에 나서도록 하는 것도 필요하지만 그것보다 중요한 것은 진짜 사장인 원청이 직접 문제 해결에 나설 수 있도록 하는 것이다. 비용의 문제로 위험한 일을 하청 노동자에게 맡기고, 중간 하도급을 통해 진짜 책임자를 감춰 산재를 은폐하려는 원청의 태도를 바꾸지 않는 한 '죽지 않고 일할 권리'는 온전히 얻어질 수 없다. 책임과 사후 대책을 원청에 물을 수 있도록 하여 향후 사태가 재발되지 않도록 힘써야 한다.

오진호_비정규직 없는 세상만들기 네트워크 집행위원

잠잘 시간도 아이를 볼 시간도 없다

강원도 삼척에는 동양시멘트 공장이 있습니다. 삼척 지역은 시멘트의 주원료인 석회석이 풍부합니다. 우리가 했던 일은 공장 인근에 있는 산에서 석회석을 채굴하는 일이었습니다. 산을 위에서부터 깎아내려가며 석회석을 채굴합니다. 주로 중장비를 이용해서 작업이 이루어집니다.

먼저 착암기가 바닥에 구멍을 뚫습니다. 약 15미터 정도 깊이로 직경 12센티미터의 구멍을 낸 뒤 그 안에 화약을 집어넣고 다이너마이트를 설치하여 발파를 합니다. 석회석이 무너져 내리면 로우더가 덤프트럭에 실어줍니다. 덤프트럭은 석회석을 크러셔(조쇄기)로 운반하고 크러셔가 잘게 부순 돌은 벨트라인을 타고 생산 공장으로 공급됩니다. 여기까지가 우리의 주된 업무입니다. 다시 말하면, 노천 광산에서 착암기, 휠로더, 덤프트럭 운전을 하고 발파팀은 발파를, 조쇄팀은 크러셔와 벨트라인이 원활히 작동하도록 관리하는 일을 했습니다.

동양시멘트에는 45광구, 46광구, 49광구 그리고 생산 공장이 있습니다. 대부분 4조 3교대 근무로 현장은 365일 24시간 쉬지 않

고 가동합니다. 하루 8시간씩 주 5일 근무하는 형태이지만 실상은
그렇지 않습니다. '잔업'을 포함해 하루 16시간 근무를 수시로 합니
다. 아침 8시부터 밤 12시까지 일하고 다시 아침 7시 40분까지 출근
해야 합니다. 오후 4시에 출근하면 다음날 아침 8시까지 근무하는
것입니다. 쉬는 날에도 16시간 근무를 해야 했습니다. 하루 24시간
을 일하는 경우도 있었고 잔업만 200시간이나 하는 사람도 있었습
니다. 직원을 더 고용해야 함에도 불구하고 동양시멘트는 부족한 인
원을 쥐어짰고, 임금도 잔업을 해야만 겨우 생계를 꾸릴 수 있는 수
준이었습니다. 잔업을 거부하면 관리자들은 말합니다.

"임금이 적으니 잔업을 해야 먹고살 수 있다. 동료를 위해서 해
야 한다. 회사에 찍히면 남들 임금이 오를 때 너는 올려주지 않는다."

동양시멘트는 이렇게 당연히 회사가 책임져야 하는 문제들을
노동자들에게 떠넘겼습니다.

야간 교대근무 자체만 해도 건강은 물론이고 수명에도 악영향
을 미친다는 것은 많이 알려져 있습니다. 이렇게 잠잘 시간도 없이
기계처럼 일만 하는 노동자의 삶이 어땠을까요? 어떤 동료의 아이
는 이렇게 이야기합니다.

"저는 아빠 없이 살았어요. 얼굴 볼 시간이 없었어요. 그냥 오
고 가면서 인사나 나누는 사이였어요."

그리고 아빠를 오랫동안 보지 못한 어린아이는 엄마에게 이렇
게 물었답니다.

"엄마, 아빠 죽은 거 아니야? 왜 안 와?"

이런 이야기를 하는 동료의 얼굴은 무척이나 어두워졌습니다.
'지금'이 아니면 다시는 돌아오지 않는 소중한 시간들 속에서 가족

과의 추억조차 만들 수 없는 삶이 너무나 암울했습니다. 불면증에 시달렸고, 그로 인해 술에 의존하는 경우도 허다했습니다. 건강이 점점 안 좋아지는 악순환이 계속되었습니다.

문제는 이뿐만이 아니었습니다. 조명 하나 없는 어두운 산꼭대기에서 중장비의 불빛 하나에 의존해서 졸음과 싸워가며 자칫 잘못하면 15미터 높이의 절벽 아래로 굴러 떨어질지도 모르는 위험한 현장에서 우리의 안전은 뒷전이었습니다. 덤프트럭 운행 중에 깜빡 졸다가 깨면 여기가 어디인지, 내가 어떤 작업을 하고 있었는지도 모를 때가 많습니다. 졸음을 떨치려고 장비를 잠깐 세우면 작업을 재촉하는 무전이 왔습니다. 언제 무너질지도 모르는 40미터 정도 되는 절벽 아래서 작업을 시킵니다. 폭설이 내린 밤에 해무가 올라와 한 치 앞도 보이지 않는 상황에서도 작업할 것을 강요합니다. 타이어가 다 닳아져 철심이 보여도 교체해주지 않아 그 타이어가 터져서 주위에 있던 동료들이 부상을 입었습니다. 돌조각과 모래가 튀면서 온몸에 박혀 피가 나고 고막이 터졌습니다. 물론, 산재 처리도 해주지 않았습니다. 우리는 2,000만 원이 넘는다는 타이어 하나보다도 못한 존재였습니다.

그런데다가 이런 열악한 환경 속에서 무엇보다도 우리를 힘들게 한 것은 정규직과의 차별이었습니다. 같은 현장에서 같은 일을 하는데도 정규직의 절반도 안 되는 임금을 받았습니다. 2012년 당시 신규 입사자의 시급은 4,710원(법정 최저임금 4,580원)으로 잔업을 제외한 기본급은 114만 원 남짓이고, 근속연수 13년 차의 반장 직책을 가진 노동자의 시급이 6,420원이었습니다. 하청 노동자의 60퍼센트가 최저임금을 받으며 인격적으로도 무시당하는 것은 말할 것도 없습니다. 아무리 열심히 일해도 돌아오는 것은 차별과 생활고였습니다. 평생을 일해도 정규직으로 전환되지 않습니다. 줄 있고 '빽' 있는 극소수의 사람만 정규직이 됩니다.

우리는 이러한 부당함에 견딜 수 없었고 이에 맞서고자 2014년 5월 17일, 노동조합을 결성하게 되었습니다. 그리고 2015년 2월 말 일자로 전원 해고되었습니다. 동양시멘트는 하청 회사와 도급계약을 해지하는 방법으로 우리를 길거리로 내몰았습니다.

고용노동부 태백지청, 지방노동위원회, 중앙노동위원회 모두 동양시멘트의 불법행위(위장도급, 부당해고, 부당노동행위)를 지적하며 부당해고된 하청 노동자들을 직접고용할 것을 명령했습니다. 하청 노동자들은 입사일로부터 하청 회사가 아닌 동양시멘트의 정규직이라는 것입니다. 하청 회사는 바지사장을 내세운 형식에 불과한 유령 회사라는 판정입니다. 그리고 2016년 말 서울중앙지방법원도 동양시멘트 하청업체 노동자들은 동양시멘트의 근로자 지위에 있거나 동양시멘트가 고용할 의무가 있다고 밝혔습니다.

동양시멘트는 정부 기관의 판결을 비웃기라도 하듯 직접고용은커녕 노동조합을 없애기 위한 탄압에만 골몰했습니다. 조합원들에 대해 각종 고소·고발을 남발했으며 16억 원에 달하는 손해배상과 가압류를 하면서 은행 통장과 전·월세 임차 보증금까지 압류하는 치졸함을 보였습니다. 동양시멘트를 인수하기 위해 실사를 나온 삼표 자본에 우리의 요구를 알리는 문서를 전달하는 과정에서 전경과 경찰 2개 중대를 동원해 조합원들을 폭력적으로 강제 연행했습니다. 구사대로 나온 관리자들과의 몸싸움은 폭력행위로, 정당한 요구를 하는 선전전은 업무 방해로 둔갑해 지부장과 수석 부지부장을 비롯한 8명의 조합원이 억울하게 옥살이를 했습니다. 같은 혐의의 사건에서 조합을 탈퇴하고 근로자 지위 확인 소송을 취하하면서 동양에 굴종한 5명을 집행유예로 풀어주는 강릉지법의 편파 판결이 있었습니다. 동양시멘트는 구속되었던 조합원들에게까지 호시탐탐 회유를 일삼았습니다. 이에 반해, 20년 넘게 온갖 불법행위를 저지르고 있는 동양시멘트는 지방노동위원회에서 부과하는 이행강제금을 무는 것이 고작입니다. 2015년 9월에 동양시멘트는 삼표 자본에 인수되면서 이름만 바뀌었을 뿐 변한 것은 아무것도 없었습니다.

이런 과정 속에서 많은 조합원들이 떠나갔습니다. 삼표-동양시멘트에 굴복하고 다시 하청으로 돌아갔습니다. 물론 해고 기간이 길어지면서 생계가 어려워지고 가족과의 갈등이 커지면서, 그리고 온갖 고소·고발과 구속에 대한 두려움에서 우리의 투쟁이 쉽지는 않았다고 생각합니다. 하지만 무엇보다도 열악한 현장에서 흙먼지를 마시면서 밤새도록 졸음과 싸워가며 일하는데도 차별받고 무시당하며 소외되었던 서글픈 기억들을 애써 지워버린 것은 아닌가 하는 생각이 들기도 했습니다.

저는 동양시멘트에서 일하기 이전에 제가 해왔던 일들을 떠올렸습니다. 내가 하고 싶은 일, 차별 없이 정당한 대우를 받는 일터를 찾아 직장을 몇 군데 옮겨 다녔습니다. 매번 힘들게 입사했지만 어딜 가나 비슷했습니다. 정도의 차이는 있지만 동양시멘트 상황과 크게 다르지 않다는 것을 알게 되었습니다. 그래서 생각했습니다.

"지금 내가 서 있는 곳에서 바꾸지 않으면 어딜 가나 똑같다. 저항하지 않고, 맞서 싸우지 않고서는 희망이 없다."

지금 남아서 투쟁하는 동지들 또한 우리가 왜 이 싸움을 시작했는지 분명히 기억하고 있습니다. 힘든 시간을 겪어왔지만 왜 포기하면 안 되는지 알고 있습니다. 수개월간 구속되었던 조합원들과 함께 이제 다시 시작이라는 마음으로 연대해주시는 분들과 '함께 싸우고 함께 승리하자!'고 마음을 다지고 있습니다. 삼척에서 서울에서 우리의 투쟁은 멈추지 않습니다.

"우리는 더 이상 동양시멘트의 노예가 아니다!"

"우리가 포기하지 않으면 우리가 이긴다!"

"미련 없이 투쟁하고 당당하게 돌아가자!"

김진영_동양시멘트 노동자

※ 동양시멘트를 인수한 삼표시멘트와 동양시멘트 비정규직 노동조합은 2017년 9월 20일 합의를 이루었다. 해고된 노동자 39명은 길거리로 쫓겨난 지 934일 만에 정규직으로 복직할 수 있었다. 2017년 10월 16일 노동자들은 정규직으로 첫 출근했다.

장시간 노동은 이제 그만해야 한다

건강을 위협할 정도의 장시간 노동은 이제 그만해야 한다.
죽음을 부르는 야간 노동과 24시간 노동, 강제 잔업과 특근은
없어져야 한다.

- 비정규직 없는 세상을 위한 사회헌장 제9조

노동자는 건강하게 일을 해야 한다. 그러려면 장시간 노동을 멈추어야 한다. 단지 신체적 건강만을 위해서는 아니다. 사회적 관계도 맺어야 하고, 문화생활도 하는 등 자신의 삶을 풍요롭게 하려면 장시간 일하거나 불규칙적으로 일하면 안 된다. 너무 많이 일해서 건강을 해치게 되고 사회적 관계도 파괴되면 그것은 '일'이 아니라 '고통'이 된다.

　　기업들은 장시간 노동을 시키려고 한다. 개인에게 지급되는 수당이나 교육 훈련 비용 등을 고려하면 한 사람이 장시간 일하는 것이 여러 명이 짧게 일하는 것보다 '시간당 노동 비용'이 적게 들어가기 때문이다. 그래서 기업들은 노동자들의 생명이나 건강에는 신경 쓰지 않고 물리적 시간이 허용하는 범위 안에서 장시간 노동을 하도록 만들었다. 노동자들은 이에 맞서 노동시간 단축을 통해 인간다운 생활을 하고자 노력해왔다. 그래서 노동운동의 역사는 노동시간 단축을 둘러싼 투쟁의 역사이기도 하다. 건강을 위협하고 죽음을 부르며 노동자의 기본적인 생활을 무너뜨리는 장시간

노동은 없어져야 한다.

삶을 파괴하는 노동자들의 장시간 노동

2003년 현대자동차 아산공장에서 식칼 테러가 있었다. 월차를 쓰려고 찾아간 사내하청 노동자를 관리자가 밀쳐서 넘어뜨리고, 그 노동자가 병원에 실려 가자 병원까지 찾아가 노동자의 아킬레스건을 식칼로 그은 사건이었다. 그 관리자는 사내하청 노동자가 월차를 쓰거나 잔업을 빼는 것을 용납할 수 없었기에 본때를 보여주려고 한 것이다. 여기에 분노한 사내하청 노동자들이 이틀 동안 라인을 세우고 싸웠다. 회사는 노동자들의 요구를 수용했고, 노동자들은 이 일을 계기로 사내하청 노조를 만들고 월차도 자유롭게 쓸 수 있게 되었다. 쉴 틈 없는 노동을 거부한 인간 선언이었던 것이다.

2003년 현대자동차 아산공장 비정규직 노동자들의 인간 선언은 아직도 유효하다. 잔업특근은 아직도 강제인 경우가 많다. 2012년 STX조선 사내하청으로 일하던 노동자가 과로로 사망했다. 이 노동자는 입사 후 열흘 동안 9일간 근무를 했으며 하루 14시간 이상을 일했다. 매일 노동시간이 달라 새벽 3시까지 일하는 경우도 있었다. 이렇게 일하면 죽을 수밖에 없다. 2014년 금속노조 실태조사에 의하면 현대제철 사내하청 노동자들은 일주일에 최장 92시간까지 일한 것으로 밝혀졌다. 일주일에 92시간을 일하려면 하루 14시간씩 5일간을 일하고 토요일과 일요일 중 12시간을 더 일해야 한다. 노동자들은 쉬고 싶지만 해고될까봐, 혹은 임금을 더 받으려고 이런 장시간 노동을 수용한다.

생계를 위해 장시간 노동을 하는 경우는 너무나 많다. 케이블방송 협력업체 노동자들이 처음 노동조합을 만들었을 때 이 노동자들의 노동시간은 평균 9.9시간이었다. 일한 건수만큼 임금을 주기 때문에 생계를 위해 어쩔 수 없이 장시간 노동을 해야 했다. 그리고 사실상 6일 근무였다. 노동자들은 토요일 출근을 당연하다고 생각하고 있을 정도였다. 한 달에 무려 27.5일을 일한 것이다. 수당도 없이 당직을 서는 것을 당연하다고 여기고 일을 해왔으며, 심지어는 점심 시간으로 대체되는 시간도 주어지지 않았다. 식사 시간도 정해져 있지 않은 상태로 일을 해왔던 것이다.

노동자의 생활을 파괴하는 24시간 연속 노동도 비일비재하다. 경비 노동자들은 24시간 격일근무를 한다. 제대로 쉴 틈도 주지 않는다. 간병 노동자들도 24시간씩 연속 노동을 한다. 중간중간 짬짬이 쉬지만 적절한 휴식 시간 없이 일주일 동안 일을 해야 한다. 이런 지옥 같은 노동은 노동자의 몸을 망가뜨린다. 기업의 이윤을 위해 노동자들의 건강과 생명을 갉아먹는 일을 더 이상 용납해서는 안 된다. 장시간 노동, 강제 잔업과 특근, 야간 노동과 24시간 노동, 이제 멈춰야 한다.

장시간 노동을 부추기는 정치권

경제협력개발기구(OECD)의 '2016 고용 동향'에 따르면 한국의 연평균 노동시간은 2015년 2,113시간으로 OECD 국가 중 멕시코 다음으로 세 번째로 길다. 그런데 정치권은 장시간 노동을 줄이는 데 큰 관심을 보이지 않고 있다.

현재 한국의 노동시간은 주 40시간이며, 노동자가 동의하면 12시간의 연장근로를 할 수 있게 되어 있다. 그런데 그동안 고용노

모든 노동에 바칩니다

동부는 행정 해석을 통해 1주일은 주 5일이기 때문에 5일 동안 52시간을 하면 되고, 토요일과 일요일에 연장근로를 할 수 있으므로 주 68시간을 일해도 된다고 주장한 바 있다. 이 때문에 한국 사회 노동자들은 무한정 노동을 해왔던 것이다.

2018년 국회에서는 근로기준법을 개정해 현행 68시간인 근로시간을 52시간으로 줄였다고 주장했다. 이것은 노동시간을 줄인 것이 아니다. 원래가 40시간 일하는 것인데 그동안 고용노동부가 어거지 행정 해석을 한 것이므로, 이번의 근로기준법은 노동시간을 제대로 되돌리는 것일 뿐이다. 그런데 이마저도 기업의 규모에 따라 순차적으로 적용하게 함으로써 작은 규모의 사업장에서 일하는 노동자들에게는 오히려 개악이 된 셈이다. 게다가 휴일에 일할 때 중복해서 할증하도록 한 제도를 폐지했다. 휴일 중복 할증을 폐지하면 기업 입장에서는 노동자들을 더 많이 일하게 하려고 할 것이다.

근로시간특례를 많이 없애기는 했으나 여전히 특례가 남아 있다는 점에서 문제가 있다. 근로기준법에 따르면 연장근로 시간은 주 12시간을 초과할 수 없으나 운수업이나 물품 판매 및 보관업 등은 사용자가 노동자 대표와 서면으로 합의하면 이를 지키지 않아도 된다. 버스 운전기사의 졸음운전으로 대형사고가 발생하고, 집배원들이 잇따라 과로로 목숨을 잃는 등 특례업종 노동자들의 과로와 죽음이 심각한 지경에 이르렀다. 그 어떤 노동자도 제한 없이 노동을 해서는 안 된다. 그렇기 때문에 근로시간특례 제도 자체를 폐지해야 한다. 그런데 국회는 근로시간 특례업종을 26개에서 축소했으나 육상운송업(노선버스업 제외), 수상운송업, 항공운송업, 기타운송서비스업, 보건업 등 5개를 남겼다. 물론 연속 휴식 시간을 최소 11시간 보장하도록 했지만 여전히 누군가는 장시간 노동 체제에서 살아가도록 만든 것이다.

장시간 노동에서 어떻게 벗어날 것인가

하루 12시간 일하는 노동자들이 어떻게 친구를 만날 수 있으며, 어떻게 영화를 볼 수 있으며, 어떻게 공부를 할 수 있으며, 어떻게 정치나 사회적인 문제에 관심을 가질 수 있겠는가. 하루하루 살아가기 바쁜 노동자들은 생존에 모든 것을 집중하게 되고 결국 이런 나쁜 구조를 침묵하며 떠받치고 있다. 노동자들이 장시간 노동에서 벗어나는 것은 사회적 인간으로 모일 수 있는 권리의 전제이다. 당장 다치거나 죽지 않는다고 해서 그 노동자가 건강한 것은 아니다. 편안하게 쉬는 시간이 많지 않다면 그 노동자는 죽어가고 있는 것이다. 몸과 마음이 망가지고 사회적 인간으로서의 삶을 파괴하는 장시간 노동은 없어져야 한다.

획기적으로 법정 노동시간이 단축되어야 한다. 연장근로를 허용하는 구조를 없애야 한다. 그리고 노동시간 적용 제외를 없애서, 무제한 장시간 노동을 강요당하는 일이 없도록 해야 하며, 24시간 노동도 제한해야 한다. 그런데 실질 노동시간을 제한하지 않으면 현장에서 노동시간은 지켜지지 않는다. 법에서 노동시간을 단축하고 제한해도 현장에서 지켜지지 않으면 소용이 없는 것이다. 그렇기 때문에 노동자들이 '노동시간'에 대한 '권리'를 가져야 한다. 노동자가 잔업과 특근을 거부할 권리가 있어야 하는 것이다.

그렇지만 노동자들은 생계 때문에 장시간 노동을 선택하기도 한다. 기본급이 너무 낮기 때문이다. 따라서 최저임금이 대폭 인상되지 않으면 노동자들이 장시간 노동의 그늘에서 벗어나기는 어렵다. 주 40시간의 노동만으로 생계를 유지할 수 있도록 생활임금이 보장되어야 한다.

김혜진_전국불안정노동철폐연대 상임집행위원

우리는 가족이 아닙니다

어느 날 화장실을 사용한 후 손을 씻다가 문득 화장실에서 청소를 하시는 청소 노동자 한 분이 청소 카트 위에 놓인 무언가를 드시는 모습을 보았다. 다름 아닌 떡이었다. 작은 보온병의 물을 마시며 조금씩 떡을 떼어 입에 넣고는 또 화장실 구석구석을 살피고 있었다. 내가 아무 생각 없이 "아니, 왜 밖의 벤치에서 드시지 여기 서서 드세요?"라고 묻자 그 청소 노동자의 답은 간단했다.

"거긴 우리 자리가 아니잖아."

그랬다. 거긴 그들의 자리가 아니었다. 세계 공항 평가 11년 연속 1위에 빛나는 이 공항을 가꾸는 청소 노동자들에게 승객들이 앉아 쉬는 자리는 그들의 공간은 아니었던 것이다. 소위 높으신 분들이 공항에 방문하기라도 하면 도리어 화장실의 비상계단에 숨어 있어야 하는 그들에게 벤치는 사치인 것이다.

나는 처음 이 글을 부탁받고 "과연 이 거대한 공항 속에 우리 자리는 어디 있었지?"라는 질문을 했다. 그러나 그 질문은 단 몇 초 만에 쓴웃음을 짓게 할 뿐이었다. 하긴, 나 또한 이 공항에서 13년을 비정규직으로 일하며 이 거대한 공간 속의 한 일원임을 주장하다가 전과자가 되었으니 말이다.

지난 2014년 나는 민주노총 공공운수노조 인천공항지역지부 보안검색지회의 노동조합원으로 용역업체의 부당함에 맞서 조합원들의 1인 시위를 돕다가 인천국제공항공사로부터 업무 방해로 9명의 동료 조합원들과 함께 고소를 당한 것이다. 이유는 이랬다. 당신들 노조원은 용역업체 소속인데, 용역업체와의 노사 문제를 가지고 왜 공항 시설에서 1인 시위를 하냐는 것이었다. 어이가 없었다. 짧게는 몇 년, 길게는 10년씩 우리는 이곳 공항에서 일을 했고 우리의 일터는 공항이었다. 우리는 평화적인 1인 시위를 했지만 공항공사는 퇴거요청서라는 문서 한 장을 내밀고 무더기 고소·고발을 자행했던 것이다.

"공항가족."

공항공사는 이 단어를 자주 쓴다. 우리 모두는 공항가족이라고…….

그런데 참 이상하다. 왜 가족을 내쫓지? 가족이 힘들다고, 이건 아니지 않느냐고, 우리 말을 좀 들어달라고 하는데 왜 단 한마디도 들으려 하지 않고 내쫓기만 하려는 걸까? 우리가 그렇게 부끄러운 존재들인가? 우리가 공항의 권위를 깎아내리는 존재들인가? 결국 재판 끝에 나와 동료들은 전과자가 되었다. 나와 우리는 이 공항에서 일을 하지만 우리의 뜻을 말하고 알릴 수 있는 단 한 평의 공간도 가질 수 없는 것이다.

그렇다. 이런 공항에서 과연 우리 비정규식이 가질 수 있는 공간은 어디일까? 야간 근무를 하다보면 그나마 몸을 뉘일 수 있는 대기실이 있다. 그러나 그 또한 이불 한 장 없이 입고 있던 근무복을 이불 삼아 휴식을 취한다. 그러나 야간 근무를 하는 용역업체 노동자 대다수는 휴게 공간이 없어서 이불이나 침낭을 들고 공항 이곳 저곳으로 쉴 곳을 찾아다니기도 한다. 물론 각 용역업체마다 휴식 장소를 만들어놓았다고는 하지만, 멀기도 하고, 시설도 나빠서 가기가 어렵다. 그러다보니 상주 직원 쉼터나 공항터미널 벤치 등에서 쪽잠을 자는 것이다.

이것이 현실이다. 하기야 짧은 휴식 시간에 이렇게라도 쉴 수 있으니 그나마 다행이다. 이마저 또 공항공사에서 뭐라고 한다면 노동자들은 어디로 갈 것인가.

얼마 전 나는 면세점에서 근무하는 지인으로부터 기가 막힌 이야기를 들었다. ASQ(세계공항서비스평가) 날 벤치에 앉아 빵과 음료를 먹던 면세점 직원들에게 공항 어느 부서의 직원이 한다는 말이 이곳은 승객들이 써야 하는 자리니 직원 쉼터로 가라고 했다는 것이다. 그리고 공항 면세구역에 있는 식당도 그날은 승객들의 편의를 위해 이용을 자제하라는 이야기도 들었다는 것이다.

공항에는 수천 명의 상주 직원들이 있다. 그들은 직원이지만 또 다른 공항의 이용객이고 소비자이다. 단지 직원이라는 이유로 공항의 공간과 시설 이용에 차별받는다는 것은 이해할 수가 없다. 인천공항은 보안 강화 지시를 내려 제복을 입은 보안 요원은 흡연도 마음대로 하지 못하게 한다. 보안을 이유로 핸드폰 통화까지 간섭한다. 엄연히 통신의 자유가 있는데 업무 중에는 개인의 사유재산인 핸드폰도 소지하지 못하게 하는 것이다. 이런저런 지시나 지침들은 과연 내가 이곳에 일을 하러 온 것인지, 노예가 되려고 온 것인지 헷갈리게 한다.

모든 노동에 바칩니다

왜 청소 노동자들은 환전소 뒤 사람들에게 보이지 않는 곳에서 간식을 먹어야 하며, 왜 보안 노동자들은 핸드폰 문자 메시지만 봐도 지적을 받아야 하는 것인지, 왜 야간 근무자들은 추운 벤치에서 잠을 자야 하는지, 누가 묻는다면 나는 어떤 대답을 할 수 있을까?

"공항가족 여러분?"

과연 공항공사는 그 말을 할 자격이 있을까? 가족은 차별을 받는 사이가 아니다. 즐거움도 기쁨도 슬픔도 어려움도 함께 나누는 것이 가족이다. 그들은 가족이 어디서 어떻게 힘든 몸을 쉬고, 어디서 먹고, 어디서 잠을 청하는지 알기나 할까?

세계 1등 공항을 지켜온 것은 노동자들이다. 그 누구보다 찬사와 존경을 받고 당당해야 할 사람들이며, "나는 인천국제공항의 직원이다"라고 당당히 말할 수 있는 사람들이 세계 1등 공항을 만들었다. 그러나 그들은 비정규직이라는 이유로 숨어야 한다. 이 화려하고 웅장한 공항이라는 공간 속에 숨고 또 숨는다. 그리고 부당하게 차별받고 소외된다. 비정규직이라는 이유로 아무리 외쳐도 들어주는 이 하나 없기에 그들은 침묵한다.

이 공항이라는 거대 공간 속에서 그 소속이 어디든 모든 비정규직 노동자들은 그렇게 살고 있다. 나의 것, 나의 자리, 나의 권리는 가져서도 안 되고, 가지려 해서도 안 된다. 그리고 그 삶이 싫으면 떠나야 한다. 나 말고도 일할 사람은 차고 넘치는 세상이기에 그렇게 침묵하기를 강요당하고 사는 것이다.

드라마 〈미생〉의 대사 하나가 생각난다.

"감히 우리에게 기생하는 것들이 상생을 떠들어?"

그래, 저 드라마 대사 한 줄이 우리의 모습이며 현실이다. 우리는 공항가족이 아니라 비정규직 노동자일 뿐이다. 우리가 비정규직이라는 위치에 있는 한 우리의 공간은 그 어디에도 없을 것이다. 이 거대한 공항 그 어디에도…….

신용쾌_인천공항에서 일하는 노동자

※ 문재인 대통령은 2017년 5월 12일 취임 후 첫 외부 일정으로 인천공항을 방문하여 '공공 부문 비정규직 제로 정책'을 발표했다. 그 후 인천공항은 용역 노동자의 정규직 전환을 위해 협의체를 구성해서 논의를 이어갔다. 2017년 12월, 3,000명 가량을 직접고용하고, 그 외 비정규직은 자회사 고용으로 전환하는 내용에 합의했다. 정규직이 아니라 무기계약직 혹은 자회사 노동자로 전환한 이들에게도 과연 인천국제공항의 '공간'은 허용되어 있는가.

모든 노동에 바칩니다

"교수님, 연구실이 어디세요?"라고 학생이 묻자, 시간강사가 다음과 같이 대답한다. "경기 가 0000." 바로 자신의 차량 번호를 답한 것이다. 연구실도 휴게실도 없이 대학을 떠돌아다니며 학생들을 지도하는 시간강사의 현실을 보여주는 이야기다. 대학교라는 넓은 공간에서 일하지만 시간강사들은 강의실 밖에서는 제대로 된 공간을 가질 수 없다. 우리가 매일 타고 다니는 지하철에서 청소 노동자들을 자주 만나게 된다. 그 청소 노동자들을 유심히 본 적이 있는 사람이라면 청소 노동자들에게 제대로 된 휴게실이 없다는 사실을 발견했을 것이다. 대부분 쉽게 찾을 수 없는 곳에 있을 뿐 아니라 노동자들이 잠시 쉬는 그 공간의 문에는 휴게실이 아니라 대부분 '용역대기실'이라는 글자가 붙어 있기 때문이다. 청소 노동자들에게는 휴식의 공간도 온전하게 주어지지 않는다.

업무를 보고, 쉬고, 밥 먹을 공간이 필요하다
노동자들이 업무에 필요한 공간을 제대로 확보하지 못하는 경우 중

하나가 앞서 예로 든 대학교 시간강사인 비정규 교수들일 것이다. 정교수와 똑같이 학생들을 지도하지만 정교수처럼 수업을 준비하고 연구하기 위한 공간인 연구실은 거의 없다. 2010년 국정감사 자료에 의하면 시간강사 62.4명당 연구실이 1개였다. 시간강사의 연구실이 아예 없는 학교도 있었다. 업무 공간인 연구실이 없으니 제대로 된 연구를 하기도 어려울뿐더러, 해당 대학교에서 일한다는 소속감과 노동자로서 자존감을 가지기 어렵게 된다.

노동자들에게 업무 공간 외에 어떤 공간이 필요할까? 노동자들이 쉴 수 있는 휴게 공간과 밥 먹을 공간 그리고 노동자들이 모일 수 있는 집회시위의 공간일 것이다.

우리가 일을 하다가 쉰다고 하면 기대거나 앉거나 눕거나 잠시 자는 것을 생각하게 된다. 그렇다면 기댈 수 있는, 앉을 수 있는, 누울 수 있는 공간이 필요하다. 근로기준법 제54조에 휴게 시간에 대한 내용이 나온다. 4시간을 연속해서 일하면 30분 이상의 휴게 시간을, 8시간을 연속해서 일하면 1시간 이상의 휴게 시간을 가질 수 있다. 그래서 보통의 경우 점심 시간 1시간이 여기에 해당된다. 그 휴게 시간을 보내게 될 공간에 대해서는 산업안전보건법 산업안전보건기준에 관한 규칙 79조에 나와 있는데, 사업주는 근로자들이 신체적 피로 및 정신적 스트레스를 해소할 수 있도록 휴식 시간에 이용할 수 있는 휴게 시설을 갖추도록 명시하고 있다.

'청소 노동자에게 따뜻한 밥 한 끼의 권리를' 캠페인단은 2010년에 서울 지역의 청소 노동자들을 만나 이야기를 들었다. 임금, 고용, 산업재해 그리고 휴게 공간 등에 대한 설문조사를 통해서 대부분의 청소 노동자들이 고용 불안을 겪는 비정규직이라는 현실을 알 수 있었다. 비정규직으로 겪는 어려움은 휴게 공간에서도 나타났다. 절반이 넘는 휴게실이 지하에 있었고, 더구나 안정적으로 휴게 공간이 확보된 경우는 35퍼센트 정도였고, 샤워 시설이 있는 곳은 36퍼센트 정도였다. 캠페인단의 활동으로 청소 노동자들이 제대로 된 휴게 공간을 갖지 못해서 계단 밑이나 창고, 옥상, 화장실의 한구석에서 쉬거나 식사를 하는 열악한 현실이 알려졌다. 청소 노동자들에게도 제대로 쉴 수 있는 휴게 공간이 필요하다는 여론이 형성되자, 노동부는 2011년 산업안전보건법 29조 9항을 신설하여 원청이 하청 노동자를 위한 위생 시설 마련에 협조할 수 있다고 해두었다.

건설 노동자들의 경우 휴게실, 식당뿐만 아니라 화장실, 탈의실조차 변변치 못하다. 문짝이 부서지거나 떨어져나간 간이화장실, 건설 현장의 흙바닥에 종이박스를 깔아 만든 것이 대부분인 휴게 공간, 탈의실이 없어 길거리에서 작업복을 갈아입고, 유해물질과 먼지가 날리는 작업 현장에서 식사를 하는 것이 당연한 것처럼 여겨졌다. 2007년 전국단일노조인 전국건설노동조합이 만들어질 때, 노동조합의 요구 중에는 소박하게도 제대로 된 화장실, 식당, 탈의실, 휴게실 등이 주요한 요구로 담겼다. 전국건설노동조합이 만들어지고 노동자들의 목소리가 모이자, 노동부는 2007년 7월 건설 근로자의 고용 개선 등에 관한 법률 개정안에 따라 2008년 1월부터 5,000만 원 이상의 건설 현장에는 화장실, 식당, 음수대, 탈의실 등을, 30억 원 이상의 건설 현장에는 휴게실, 샤워실을 설치하도록 했다.

노조 활동 공간은 노동자들이 일하는 곳이어야 한다

엄연히 해당 사업장에서 일하고, 쉬고, 밥을 먹지만, 하청업체 노동자들은 자신이 일하는 현장에서 만나고 투쟁하는 것이 어렵다. 2014년 1월 중앙대 청소 노동자들이 처우 개선을 요구하며 파업을 벌일 때, 노동자들이 대자보를 붙이면 100만 원, 노동 가요를 부르고 구호를 외칠 경우 100만 원 등을 중앙대학교 측에 지불하도록 요구하는 가처분 신청을 냈고 법원은 이 가처분을 받아들였다. 노동자들은 자신들의 투쟁을 알리기 위해서 자신들이 일하는 공간에서 대자보를 붙이는 등의 선전 활동을 할 수 있어야 한다. 농성도 하고, 구호도 외치고 노래도 불러야 한다. 노동자들이 자신들의 부당한 노동 조건을 개선하고 고용 안정을 위해서 노동조합을 만들고 투쟁하면서 그동안 자신들이 열심히 쓸고 닦으며 일했던 공간을 사용할 수 없다는 것은 어처구니없는 일이다.

2014년 10월 울산의 현대자동차 사측은 사내하청 노동자들의 노동조합 가입을 막기 위해서 금속노조 현대차비정규직지회 간부들의 공장 출입을 막는 일이 있었다. 지회와 정규직 노동조합이 항의하자 비정규직지회 간부들의 노동조합 사무실 출입만 허용되었다. 현대자동차에서 근무하는 모든 사내하청 노동자가 불법파견이라는 서울중앙지법의 판결에 따라 비정규직지회는 사내하청 노동자들에게 이런 사실을 알리고 노동조합 가입을 권유하려고 했지만, 사내하청 노동자들이 일하는 현장에는 접근할 수 없었다. 사내하청 노동자들에게 노동조합에 가입해서 함께 싸우자고 이야기하려면 사내하청 노동자들을 만날 수 있어야 한다. 노동조합 사무실에서 기다리는 것만으로는 어렵다. 노동자들이 일하고 있는 작업 현장에서 만날 수 있어야 한다.

인천의 GM대우(현 한국GM) 사내하청 노동자들의 경우 회사에서 강제로 쫓겨난 적이 있다. 공장 내의 식당과 출입구 주변, 조립사거리 인도 등에서 유인물을 나누어주거나 현수막을 게시한 노동조합의 행위가 정당하지 않다는 것이 그 이유였다. 2007년 11월 인천지방법원은 법적으로 그 공간은 GM대우 회사 측의 공간이기 때문에 시설 관리권, 시설 소유권 등을 내세우며 사내하청 노동자들은 GM대우 사업장에서는 노동조합 활동을 할 수 없다고 주장한 사측의 손을 들어주었다. 비정규직 노동자들은 용역 회사의 사무실이 아니라, 노동자들이 직접 일하는 공간에서 만나고 투쟁할 수 있어야 한다.

노동자의 공간을 바꾸고 만들다

앞에서 살펴본 것처럼 노동자들의 공간에 대한 권리는 멀어 보인다. 업무 공간도, 휴식을 위한 공간도, 밥을 먹을 공간도, 그리고 투쟁을 위한 공간도 온전히 주어지지 않는 것이 현실이다. 하지만 이런 현실을 바꾼 사례도 있다. 2010년부터 시작된 '청소 노동자에게 따뜻한 밥 한 끼의 권리를' 캠페인단의 활동으로 청소 노동자들에게도 제대로 쉴 수 있는 휴게실이 필요하다는 인식이 확산되었고 휴게실도 만들어졌다. 이제 산업안전보건법 29조 9항의 '하청 노동자들의 위생 시설 마련'은 원청 사용자가 협조하는 것이 아니라 의무적으로 해야 하는 것으로 바뀌어야 한다.

　　노동자들이 공간의 권리를 갖도록 하기 위해서 지자체도 역할을 해야 한다. 울산의 경우 민주노총 울산본부가 위탁 운영하는 북구비정규노동자지원센터가 2012년부터 청소 노동자들의 휴게실을 직접 리모델링하는 사업을 하고 있다. 서울시는 2016년 택배 기사,

퀵서비스 기사, 대리운전 기사, 인터넷 설치 기사 등 이동 노동자들의 휴게 공간인 쉼터를 마련해서 서울노동권익센터에 위탁 운영 중이다. 대리운전 기사, 인터넷 설치 기사들이 노동조합을 만들어 자신들의 목소리를 냈기 때문에 이동 노동자들의 휴게 공간이 마련될 수 있었을 것이다.

전남대학교에서는 비정규 교수들의 공동 연구실 2개가 2014년 4월에 처음으로 생겼다. 2013년 대학 측과 비정규교수노조의 단체교섭 내용 중 하나인 비정규 교수 연구 공간 확보를 이행한 것이다. 노동자들의 공간에 대한 권리는 아직 갈 길이 멀지만, 변화는 조금씩 만들어지고 있다.

박현진_전국불안정노동철폐연대 회원

누가 이 사람을 모르시나요?

편의점 아르바이트를 1년 4개월 정도 했다. 2012년에 7개월, 2014년에 7개월. 그렇게 일을 하면서 별의별 손님을 다 만나봤다. 아니, 손'님'이 아니라 손'놈'을 만나봤다. 가장 흔하면서도 기분 나쁜 손님은 투명인간 취급하는 손님. 분명히 내가 인사를 했는데도 못 본 척하거나 손님이 내민 돈을 받으려 하는 순간 테이블에 휙 던지는 행동들. 또는 잔돈을 주려고 손을 내밀면 팔짱 끼고 먼 산을 보는 행동. 내가 투명인간도 아니고 뻔히 보일 텐데 왜 그렇게 없는 사람 취급을 하는지 알 수가 없다. 아니, 아르바이트생 인사 받아주는 게 그렇게 어렵나? 아니, 손님, 당신 꿈이 야구 선수였나? 왜 자꾸 던지고 난리야. 아니, 내가 뭐 전염병 환자라도 되나? 내 손 닿으면 손이 썩어 문드러지기라도 하나? 참, 어이가 없다. 이런 손님들은 너무 흔해서 하루에 한 번이라도 안 마주치면 오히려 어색하다. 흔해도 기분 나쁜 건 마찬가지. 그런 손님들이 나갈 때는 다른 곳을 쳐다보며 인사를 하거나 아예 인사를 안 한다. 웃긴 게 내가 인사를 안 하면 또 뚫어져라 쳐다본다. 어쩌란 거야?

투명인간 대하듯이 하는 손님이 분노지수 1이라면 반말 쓰는 손님은 분노지수 3 정도 될 것이다. 나이 많으신 분들은 대부분 반말을 한다. 60대 정도 되어 보이는 아저씨들은 존댓말을 아예 안 배운 사람들인 양 처음부터 끝까지 반말로 일관한다.

"아가씨, 우유 어디 있어?"

"심플 1밀리그램."

이런 식으로. '요'라는 글자 하나 더 붙이는 게 그렇게 어렵고 자존심 상하는 일인가? 물론 나보다 나이가 많다면 반말 쓸 수 있다. 하지만 그건 몇 번 마주쳐서 얼굴도 알고 친한 사이에나 가능한 것이지 제대로 알지도 못하는 사람이 나이 많다고 그러면 꼰대 같아 보여 괜히 반항심이 생긴다. 눈에 힘이 들어가고 불친절해지는 건 어쩔 수 없다. 돈도 개미 눈물만큼 받아 열 받아 죽겠는데 반말로 툭툭 내뱉으면 어떻게 웃으며 일할 수 있나. 그래, 그래도 넘어가자, 마음을 다스린다. 나이가 우리 큰삼촌뻘이니 내가 조카 같고 편해서 그런가보다 좋게 생각하고 넘어가려 한다. 재수 없지만 넘어가자.

그런데 더 재수 없는 건 나랑 나이가 비슷하거나 어려 보이는 사람들이 반말을 쓸 때이다. 그 사람들이 원래 말을 할 때 말꼬리를 흐리는지 안 흐리는지 알 게 뭔가. 내 앞에서 말을 할 때 말꼬리를 흐리며 반말처럼 말하면, 이거 당장 눈에 불이 일어난다. 가장 많이 하는 말은 '충전'이다. 아니면, 사탕 2개 사면서 '2개'라고 한다. 2012년 처음 아르바이트할 때는 공단 가는 사람들이나 환자들이 많아서 어린 사람이 없었다. 그래서 나와 비슷하거나 어려 보이는 사람에게 반말을 들어본 적이 없다. 그런데 2014년에 일한 곳은 대학로와 학원가 근처라 그런지 내 나이 또래 사람들이 아주 많았다. 내 나이 또래 사람들에게 반말 참 많이 들었다. 첫 달은 일을 다시 익히

느라고 반말을 하든 말든 신경 쓸 겨를이 없었다. 두 번째 달엔 내가 더 친절하게 웃으며 대꾸를 하자 생각했다. 가는 말이 고우니 오는 말도 곱겠지, 생글생글 웃으며 일했다. 그러나 사람들은 여전히 반말. 아니, 어떤 사람들은 웃는 내가 만만한지 더욱 심해졌다. 세 번째 달은 나도 웃는 것 포기. 어중간하게 말꼬리를 흐리며 '충전'이라 말하면 바로 째려보며 '얼마?'라고 대꾸했다. 그러면 그 사람들이 그제야 "2,000원 해주세요"라며 '요' 자를 붙인다.

내가 편의점 일을 하며 배운 것 중 하나는 나를 자기와 똑같은 사람으로 여기지 않는 사람들에겐 나도 화낼 줄 아는 사람이라는 것을 보여줄 필요가 있다는 것이다. 내가 여기서 몇 천만 원을 버는 것도 아닌데 무엇 하러 손놈들에게 고개를 숙이며 기계같이 인사하고 바코드 찍어야 하나 그런 생각이 들었다.

지금까지 말한 것은 그래도 약과다. 나도 어느 정도 대응할 수 있을 정도의 손님들이다. 분노지수 10에 달하는 손놈들은 바로 사기꾼과 주정뱅이들이다. 특히 사기꾼. 아직도 기억난다. 머리는 무스로 쫙 넘기고 약간 붉은 목에는 금목걸이를 하고, 노스페이스 잠바를 입고 두툼한 손목에는 자기 손목보다 더 두꺼운 금시계를 찼다. 느긋하게 팔자걸음으로 문을 열고 들어오더니 아주 상냥하게 사장님 계시냐고 물었다. 그때는 나 혼자 있을 시간이라 "사장님 안 계시는데요"라고 공손히 말했다. 그러자 그 사람은 돌연 얼굴빛을 바꾸며 "아, 급한데"라며 사장님에게 전화하는 척 휴대폰을 귓가에 갖다 댔다. 우리 사장이랑 통화하는 척 자기 혼자 쇼를 한다. 지금은 쇼라는 걸 알지만 그때는 나도 당황해서 안절부절못했다.

'무슨 일이 생긴 걸까?'

그 사람은 전화를 끊는 척 호주머니에 넣더니 사장님에게 허락 맡았으니까 계산대에서 5만 원을 꺼내달라 했다. 내가 어버버 말도 못하고 눈알만 굴리니까 갑자기 화를 내기 시작했다.

"아! 사장한테 허락 맡았다니까. 내가 지금 아는 후배 빨리 배웅해줘야 되는데 현금이 없어서 이러는 거 아니가. 내가 후배 배웅 못해주면 아가씨가 책임질 거가? 5만 원 잠시만 주면 내가 후배 배웅하고 와서 돌려줄 건데 왜 이래 말을 못 알아 듣노. 거 참 답답하네. 빨리 달라니까!"

덩치가 산만 한 사람이 앞에서 쿵쿵거리며 화를 내니까 진짜 큰일인가 싶어서 5만 원을 꺼내주었다. 지금 쓰면서 보니 말도 안 되는 소리인데. 그 사람이 나가는 순간 아, 당했다는 느낌이 들었다. 그래서 따라 나갔는데 이미 그 사람은 사라지고 난 뒤였다. 혹시나 해서 문 앞을 서성거리며 계속 기다려보았지만 역시나 그 망할 사기꾼은 돌아오지 않았다. 그때 내가 당하고 나서 얼마나 배신감을 느꼈는지. 돈을 떠나서 사람이 사람을 그렇게 속일 수도 있나 하는 생각이 드니 사람이란 존재 자체에 실망했다. 그리고 생각보다 사기라는 게 대단치 않다는 생각이 들었다. 영화나 드라마에서 보던 몇 백, 몇 천 사기만 범죄라 생각했는데 내가 소액 사기를 당해보니 아…… 지금도 한숨만 나온다. 얼마 벌지도 못하는 편의점 아르바이트생 뒤통수를 그렇게 치고 싶을까.

이렇듯 편의점엔 별의별 손놈들이 다 있다. 그러나 내가 찾는 사람은 손놈이 아닌 손님이다. 단 한 사람. 그분은 내가 2012년 일할 때 옆 병원의 의사 선생님이다. 나이는 50대 정도 됐으려나. 하얗게 센 짧은 머리에 부리부리한 눈을 가진 의사 선생님. 내 인사는 당연한 듯이 무시하는 사람들과 달리 그분은 90도로 허리를 숙여 인사를 해주셨다. 와서 사는 것도 없고, 말도 안 하시고 그냥 창밖만 보는 게 다였는데도 좋았다. 가끔 "밥은 드셨습니까?"라거나 "제가 붕어빵 좀 사드릴까예?"라며 맛있는 것을 사주기도 하셨다. 나도 월급날 음료수를 사서 그분께 자주 드렸다. 저번에 붕어빵 잘 먹었다는 인사도 빼놓지 않고 덧붙였다. 그러면 그분은 "일하면서 공부하시는데 제가 사드려야죠" 하며 살짝 웃으셨다. 그분이 사주시는 붕어빵을 먹을 때마다 상상하고는 했다. 내가 열심히 글을 써서 성공한 모습으로 그 의사 선생님께 점심을 대접하는 모습을. 내가 편의점을 그만둘 때도 칼국수 집에서 점심을 사주며 꼭 성공할 것이라고 응원해주셨다. 볼펜도 한가득 가지고 와 공부할 때 쓰라며 주셨다. 그 볼펜들은 아직까지도 쓸모 있게 쓰고 있다.

내가 바코드 찍는 기계인지 사람인지 헷갈려 화가 날 때, 아르바이트생이 아닌 사람으로 대해준 그 의사 선생님. 별 말은 안 해도 날 응원한다는 것을 느끼게 해준 그 선생님. 생각보다 세상에는 그 선생님 같은 사람이 많이 없다는 걸 느끼는 요즘이다. 자기들이 날 사람 취급 안 할 때는 언제고 내가 조금만 불친절하면 개떼같이 달려드는 손놈들을 볼 때마다 유일한 손님이었던 그 선생님이 보고 싶다.

누가 이 사람을 모르시나요. 통통한 몸매에 부리부리한 눈, 고운 마음씨는 달덩이 같고 이대로만 하면 꼭 성공할 것이라고 칼국수 집에서 말해주던 이 사람을 누가 모르시나요.

강자경_아르바이트 노동자

존중받는 호칭이 필요하다

호칭은 그 노동자에 대한 존중을 보여준다.
비정규직이라는 이유로 함부로 이름을 부르거나 반말을 하거나
비정규직이라는 이름으로 부르면 안 된다.

- 비정규직 없는 세상을 위한 사회헌장 제11조

일터에서 일을 하는 모든 노동자에게는 온전한 호칭이 부여되어야 한다. 그런데 기업들은 비정규직 노동자들에게 적절한 호칭을 부여하지 않고 '어이' 하고 부르거나, 일터에 적합하지 않은 '여사님'과 같은 호칭을 사용하거나, 그 노동자의 업무를 낮춰 부르는 '보조'로 부르기도 한다. 호칭에서도 비정규직 노동자들을 차별하는 것이다. 이런 호칭 때문에 비정규직 노동자들은 회사에 소속감을 갖지 못하기도 하고, 자존감이 훼손되기도 한다. 그동안 적절한 호칭을 위해 싸운 노동자들이 많다. 여성 노동자들은 '미스'라는 호칭을 바꾸기 위해 노력했다. 젊은 여성에게 커피 타오기나 심부름을 강요하는 조직 문화를 바꾸기 위해 '젊은 여성'이라는 정체성을 강조하는 '미스'라는 호칭을 없애고자 했던 것이다. 그 치열한 노력의 결과로 이 호칭은 거의 사라져가고 있다. 또한 학교 비정규직 노동자들은 '서무 보조, 과학 보조' 등 '보조'라는 호칭을 '실무사'로 바꾸기 위해 노력해왔다. 온전한 호칭을 갖는 것은 비정규직 노동자들이 자신의 권리를 위해 노력할 때 가능할 것이다.

"어이! 홍 씨?"

회사에서 일을 하는데 직책이 아니라 '어이!'로 불리는 사람들이 있다. 일터에서 노동자는 자신의 일에 맞는 호칭으로 불려야 한다. 그런데 비정규직은 적절한 직책이 없다는 이유로 일터에서 대충 불리는 경우가 많다.

"우리가 노동조합 하면서 제일 많이 바뀐 게 공무원들이 우리들을 대하는 태도, 시선, 이런 게 많이 바뀌었지. 호칭도 지금은 '홍주사님', 이렇게 부르지만 그때는 '어이, 홍 씨! 일루 와!' 하는 거야. 남자들은 '어이!' 그렇게 불렀어요."

과천시청에서 비정규직으로 일하던 노동자들은 비정규직으로 일할 당시 가장 큰 고충으로 '비인격적 대우'를 꼽았다. 특별한 직함도 호칭도 없이 '어이!'라고 부르는 것에 모멸감을 느꼈다고 이야기한다. 만약 적절한 직책이 없다면 '홍00 씨'라고 부르면 된다. 그것이 일터에서 일하는 사람으로서 존중하는 것이다.

그런데 기업들은 적절한 직위나 호칭을 부여하지 않음으로써 비정규직 노동자들의 소속감을 저하시키고 기업 바깥의 사람이라는 인식을 갖게 만든다. 비정규직 노동자들은 이 공간에서 내가 존중받지 못한다는 것을 느끼기 때문에 쉽게 떠날 생각을 하게 된다. 정규직 노동자들은 비정규직의 호칭을 함부로 부름으로써 비정규직을 얕보고, 함께 일하는 사람으로 인식하지 않게 된다. 결국 존중받지 못하는 호칭은 단지 그렇게 부르는 사람의 문제가 아니라 그렇게 부르게 함으로써 노동자들을 위계화하려는 노동자 통제 전략의 하나인 것이다.

왜 노동자가 '사장님' '여사님'이야?

'어이!' 하는 모멸적 호칭도 문제이지만 적절하지 않은 호칭도 문제다. 레미콘 화물 운전사들은 특수고용 노동자에 속한다. 노동력을 제공하지만, 기업과 고용계약을 체결하지 않았다는 이유로 기업들은 이들을 사장님이라고 부른다. '사장님'이라는 호칭은 이들이 '노동자'라는 사실을 의도적으로 가린다. 실제 대부분 특수고용 노동자들은 1997년 외환위기 이전에는 직접고용된 노동자였는데, 갑자기 사용자가 '근로계약서'를 '업무위탁계약서'나 '도급계약서'로 바꾸며 호칭도 '사장님'으로 바꾸었다. 이렇게 되면 특수고용 노동자들은 실제로는 사용자의 지배를 받으면서도 개인사업자로 둔갑하여 권리를 보호받지 못하게 된다.

예전에 청소 노동자들이나 간병 노동자들은 '아줌마'라고 불렸다. 그 사람의 성별이나 나이를 중심으로 한 호칭을 사용하는 것은 그 노동자의 노동을 온전하게 인정하지 않는 것이다. 노동자들이 권리를 찾기 위해 투쟁을 시작한 후, 용역 회사들은 '여사님'이라는 호칭을 사용하기 시작했다. '아줌마'보다는 매우 존중하는 호칭인 것으로 보인다. 그러나 '여사님' 역시 적절하지 않은 호칭이다. 직급이나 직책을 제대로 부여하여 그에 맞는 호칭을 사용하도록 해야 한다.

'공순이?' '무기계약직?'

1991년 겨울, 한 신발 공장의 노동자가 투신하면서 남긴 유서에는 "내 이름은 공순이가 아니고 미경이다"라고 써 있었다. 공순이와 공돌이는 당시 생산직 노동자들을 비하하는 호칭이었다. 힘들게 일하며 경제를 살려왔던 저임금 생산직 노동자들을 사회는 존중하지 않았다. 노동자들의 권리가 사회적으로 인정되지 않으면 이처럼 비하하는 호칭이 사용된다. 노동자들은 단결하여 투쟁함으로써, 그리고 자신의 사회적 권리를 인정받음으로써 '공돌이, 공순이'라는 표현을 없애고, 현장에서 자신의 이름을 찾을 수 있었다.

지금은 '공돌이' '공순이' 대신 '노동자'라는 표현을 쓰지만 '노동자'라는 호칭에 대한 사회적 인식은 매우 낮다. 전교조 선생님들이 노동조합을 만들었을 때 언론은 '선생님이 무슨 노동자냐'라고 이야기했고, 지금도 자신이 '노동자'라고 생각하지 않는 이들도 많다. 노동자라고 하면 막노동을 연상하는 이들도 많다. 초등학교 학생들에게 '노동자' 연상 이미지를 찾으라고 하니, '거지 같다' '불쌍하다'를 연관 단어로 쓴 예도 있다. 그리고 경찰이 수배자 전단에 '노동자풍'이라는 표현을 사용해서 문제가 된 적도 있다. 노동자는 허름한 옷을 입고 거칠게 보인다는 의미를 담은 것이다. 일터에서 일하는 모두가 '노동자'인데 사회적으로 '노동자'에 대해 부정적이고 비하하는 이미지를 만들어낸 것이다.

노동자들의 고용계약 형태는 다양해지고 위계가 생겼다. 정규직, 무기계약직, 기간제, 파견, 하청, 특수고용직 등 다양한 비정규직이 생겨났다. 그런데 이런 비정규직의 형태를, 그 노동자군을 지칭하는 것으로 연결하여 쓰는 경우도 있다. 예를 들어 '무기계약직'은 고용의 한 형태일 뿐, 이것이 그 노동자를 지칭하는 용어가 될 수는 없다. 그 노동자는 직책에 따라 호칭되어야 하고, 그 노동자군을 설명하기 위해서는 '000부서의 00'라고 설명해야 한다. 그런데 심지어 기업 안에서 '무기계약직'도 아니고 '무기'라고 줄여서 부르는 경우도 있다. 고용 형태를 그 노동자에 대한 비하의 표현으로 사용하는 대표적인 사례이다.

존중받는 노동이 존중하는 고객을 만든다

감정노동자들은 가장 많은 스트레스를 고객에게서 받는다고 한다. 고객들은 서비스를 제공하는 노동자들의 호칭을 함부로 불러도 된다고 생각한다. 그래서 반말도 예사로 하는 것이다. 고객이 나빠서 그런 걸까? 그것보다는 기업들이 '고객은 왕'이라고 강조하고, 고객이 지불하는 돈에 서비스의 비용이 포함되어 있다고 간주하여 노동자들이 무엇이든 참도록 의무화하기 때문이다. 그러니까 고객들은 서비스 노동자들에게 함부로 반말을 해도 된다고 생각하는 것이다.

그러나 이것은 지불되지 않은 노동이다. 판매 노동자들은 상품 설명을 잘하고 판매를 잘하면 될 뿐이지 반드시 웃는 얼굴로 자신에게 함부로 말하는 사람에게까지 친절해야 하는 것은 아니다. 그런데도 기업은 노동자에게 친절을 강요하면서 '고객'에게 서비스를 제공하고 그것을 통해 더 많은 고객을 유치하려고 한다. 사회적으로 서비스 노동자들에게 가해지는 폭언이나 반말, 함부로 하는 호칭 등은 결국 기업의 이윤 전략, 통제 전략에 기인하는 것이다. 그러므로 고객들을 욕하기 이전에 그런 구조를 만든 기업에 노동자의 권리를 보장하라고 요구해야 한다.

감정노동자들의 설문조사 결과를 보면 감정노동자들에게 권리가 있거나 회사에서 통제가 심하지 않을 경우, 감정노동자들이 직책을 갖고 그 직책에 따라 정당하게 호명될 경우 성희롱이나 폭언에 훨씬 당당하게 대응할 수 있고, 고객들도 그런 노동자들에게는 매우 조심한다는 것을 알 수 있다. 노동자들을 직책으로 호명하면 고객들도 그 노동자가 그 직책에 맞는 권리를 갖고 있다고 생각하게 되고, 이 노동자에게 함부로 하면 안 된다고 여기게 된다. 기업이 노동자를 존중할 때 고객도 존중감이 생기는 법이다.

"우리 회사는 직책이 들어가는 인사말을 해요. '대리'라고 이야기하면 함부로 무시하지 않죠. 예전에는 이름만 이야기했어요. 그런데 지금은 '대리'나 '계장' 등 직책을 이야기하니까 나은 편이에요."(K은행 콜센터 상담원)

호칭은 사람이 일하면서 가져야 할 존재감, 그리고 자존감과도 직결되어 있다. 일터에서 부적절한 호칭과 반말을 듣는 노동자가 자부심을 갖고 일을 할 수 있을까? 쓸모가 없는 사람처럼 칭하면서 그 노동자에게 자기 일에 대한 자부심과 책임감을 기대할 수는 없다. 그러나 기업들은 노동자들의 자존감을 떨어뜨려 노동자의 권리를 빼앗는 데에만 신경을 쓰고 있다. 비정규직이라는 이유로 다르게 호칭되지 않아야 한다. 모든 노동자에게 존중감 있는 호칭을 사용해야 한다. 사회적으로 평등한 호칭과 직함, 그리고 예의바른 말씨는 노동자들을 인격체로 존중하는 데 꼭 필요한 사항들이다.

정인열_전국불안정노동철폐연대 회원

'인간이라면 누구나 이 정도 권리는 있어야 한다'는 짧은 문구는 아직 현실이 되지 못한다. 마땅한 현실이 되어야 하지만, 마땅한 현실이 되지 못하는 것이 지금의 현실이다. 우리의 일상 속에는 여전히 '인간이라면 최소한 이 정도는 지켜져야지' 대신에, '당신은 비정규직이니까 안 되는 거 아니냐'라는 말이 더 쉽게 돌아다닌다. 2부의 현장 노동자들의 글들을 읽다보면 노동 현장에 필요한 기본과 상식이 무엇인지를 다시 한 번 생각하게 된다.

상시적이고 지속적인 업무를 하는 사람은 정규직이어야 한다는 것, 업무 내용으로 정규직과 비정규직을 차별하면 안 된다는 것, 근로기준법과 사회보험은 모두에게 적용되어야 한다는 것, 그리고 비정규직 노동조합이 스스로를 대표할 수 있어야 한다는 것 등이다. 비정규직이 갖지 못한 이런 권리를 회복하는 길은 법원으로 가는 소송이 아니라, 현장에서 일어나는 투쟁과 연대라는 것을 노동자들의 이야기 속에서 다시 한 번 확인할 수 있을 것이다.

2부
비정규직이라서
갖지 못한
권리

불안한 일자리를 만드는 주범

노동자라면 누구나 안정된 일자리를 원한다. 나 역시 그랬고, 지금도 그렇다.

고향에서 학교를 졸업하고 많은 일을 해왔다. 아르바이트부터 주야 맞교대 공장 일까지. 내가 많은 일을 한 이유는 내가 원하는 만큼 오래 일할 수 있고 월급도 넉넉히 주는 회사가 없었기 때문이다. 20대 초반의 청년들이 일자리를 구하는 방식은 대부분 비슷해 인터넷이나 구인광고 신문을 보고 들어간다. 그런데 거기에서 공공 기관의 일자리를 본 기억은 없다. 최저임금보다 더 많이 주고 정규직이랑 비정규직이랑 임금 차이가 없는 곳을 본 기억도 없다. 정부와 언론은 '청년 일자리, 고용 안정'이란 말을 많이 하지만, 그런 건 잘 모르겠고 그냥 더 나은 일자리가 있기를 바라며 전전했다.

최저임금 알바비조차 떼먹혀 고용노동부를 찾아간 다음에야 돈을 받은 적도 있었다. 언제 관둬야 할지도 모르는 너무 힘든 공장 하청 일을 하던 중 친척에게서 정보 하나를 들었다. 울산에 가서 현대차 촉탁직(직고용 계약직)으로 일하면 나중에 정규직이 된다는 것이었다. 그래서 나의 울산 타향살이, 촉탁계약직의 삶이 시작되었다.

그렇게 23개월 촉탁계약직으로 일했던 나의 지금은 촉탁 해고자로 공장 문 앞까지만 출근하는 것으로 바뀌었다. 나는 계약 해지로 쫓겨난 후 금속노조 조합원이 되었고, 현대차 회사를 상대로 소송과 투쟁을 하고 있다. 나는 현대차를 상대로 시위를 하기 위해 거의 매일 현대차 각 공장 문 앞으로 나가고 있다.

촉탁으로 일할 때 회사가 시키는 대로 정말 열심히 일했다. 현대차 공장은 정말 컸다. 그런데 이런 대기업에서 노동자들은 제각각 다른 고용 신분을 갖고 있었다. 울산공장만 정규직이 3만 명 정도라고 했다. 여기에다 생산라인에서 일하는 1차 하청 노동자가 3,000명이 넘고, 2·3차 하청에 다른 협력사에서 파견된 노동자들까지 있다. 생산라인이 아닌 다른 곳에서 일하는 노동자들도 있다. 나와 같은 촉탁직이 당시 2,000명 정도였다고 한다.

예전엔 촉탁이 없었다고 한다. 젊은 노동자들이 공장 안에서 일할 수 있는 방법은 하청업체의 한시계약으로 들어오는 경우밖에 없고 이조차도 쉽지 않았다고 한다. 차 종류에 따른 생산 계획이 바뀌면 한시하청은 무더기로 잘리기도 했다고 한다. 그런데 하청 노동자들이 노동조합을 만들어 계속 싸우면서 고용이 점차 안정되고 노동조건이 좋아졌다. 불법파견이므로 정규직으로 전환하라는 대법원 판결이 난 이후에는 더 큰 싸움을 했다고 한다. 2012년 현대자동차는 불법파견을 회피할 목적으로 촉탁직을 만들었다. 당시 가장 고용이 불안한 한시하청 노동자들은 해고를 당하든가 아니면 촉탁계약직으로 가든가 둘 중 하나를 선택해야 했다. 이렇게 2012년 1,564명의 촉탁직이 생겼고, 또 많은 사람들이 해고되었다. 그때 회사는 인력 충원을 위해 홈페이지에 채용 공고를 냈고, 이를 통해 나와 같은 젊은 사람들이 촉탁직으로 일할 수 있게 된 거다.

　오른쪽 바퀴를 정규직이 끼우면, 왼쪽 바퀴는 하청 노동자가 끼웠다. 촉탁직은 정규직 자리든 하청 자리든 상관없이 그냥 회사가 가라는 곳으로 가서 일했다. 나는 3공장에서 이곳저곳을 다녔다. 내가 일하는 동안에도 촉탁직 자리에서 누가 해고되면 다시 그 자리에 촉탁직이 들어왔다. 정규직과 비정규직은 같이 일해도 많은 게 달랐다. 촉탁직은 정규직과 1년 차 임금만 같을 뿐 다른 건 달랐다. 1차 하청이 업체별로 다 다르고, 2·3차 하청 노동자의 시급은 최저임금과 비슷한 수준이라고 들었다. 정규직만 고용이 안정되어 보였다. 그런데 회사는 정규직도 늘 괴롭혔다. 정규직이 일하다 다쳐서 라인을 세웠는데 고소·고발도 하고 해고도 했다. 정규직은 1987년, 그러니까 내가 태어나기 전부터 노동조합을 만들어서 회사랑 싸웠다고 했다. 그래서 공장 안의 여건은 내가 일했던 다른 공장과 비교할 수 없이 좋았지만, 촉탁계약직의 경우 회사가 시키는 대로 일해야 하고 수시로 계약 해지되었다.

　나는 노동자가 노동력을 팔아 돈 벌고 살지만 수시로 회사에 불려가서 근로계약서를 다시 쓰거나 잘리는 상황이 이해되지 않았다. 연차도 한 번 쓸 수 없고, 다쳐도 쉬지 못하면서 일했다. 서럽고 억울했다. 정부와 회사는 법도 얘기하고 청년 일자리도 얘기했다. 법대로 한다면, 불법파견이니까 하청 노동자가 하루라도 현대차에서 일했으면 다 정규직이 되어야 하고, 기간제보호법이 있으니까 촉탁계약직이 2년 이상 일했으면 정규직이 되어야 한다. 그런데 나는 23개월 동안 16번의 쪼개기 계약을 했고, 결국 계약 해지로 해고당했다. 나는 억울해서 그냥 집에 갈 수 없었다. 뭐든 해보자 생각했고 노동조합을 찾게 되었다. 나의 해고를 다툰 지방노동위원회와 중앙노동위원회뿐 아니라 전주공장 촉탁직 해고자의 소송 자리에서도 현대차는 단 한 명의 촉탁직도 정규직으로 전환하지 않았다고 했다. 2015년 초부터 지금까지 잘린 촉탁직만 1만 명이 넘는다고 했다. 수시로 불러다 쓰는 일용직 알바 촉탁도 있다. 그럼 지금까지 얼추 2만 명이 잘려나갔단 소리다. 촉탁직은 왜 버려져야 할까?

현대차라는 큰 재벌이 자신에게 유리한 법의 보호를 받으면서, 힘으로 법을 피해가면서 젊은 노동자들을 쉽게 쓰고, 버리고, 인간을 소모품처럼 여기는 자체를 그냥 넘길 순 없었다. '투쟁'이라는 단어 자체도 잘 몰랐지만, 내가 사는 세상이 그것을 알게 해주었다. '청년 일자리 창출'이라면서 일자리를 안 만들거나, 안 좋은 일자리만 만들고, 상대적으로 나은 일자리에 있는 노동자들을 비난하는 게 힘 있는 사람들의 방식이었다. 노동자가 근로기준법이나 노동법을 알고, 권리를 찾고 노동조합에 가입하는 것 자체가 '무한도전'이다. 노동조합은 합법인데, 돌아가는 걸 보니까 노조를 하면 잘린다. 합법인데도 불법인 것처럼 취급되고 있으니 참 안타깝다. 노동권도 법에 보장되어 있지만 언제나 자본의 돈이 우선이다. 촉탁직으로 일하면서도, 잘리고 나서도 많이 느끼고 있다. 오래 투쟁한 노동자들에 비하면 나는 초보이지만, 단결해야 노동자의 권리를 찾을 수 있다는 것을 알게 되었다.

현대차 울산공장의 각 공장 문을 다니며 '촉탁직 고용 보장' 1인 시위를 시작한 게 2015년 4월 14일이니 오랜 세월이 흘렀다. 지역의 노동자들은 첫 기자회견부터 지금까지 힘을 보태주고 있고, 출퇴근하는 현대차 정규직, 하청, 촉탁직 노동자들이 응원을 보내주고 있다. 현대차가 경비대를 시켜서 피켓을 다 부숴버렸을 때도 노동자들이 함께해주었다. 나보다 더 열악한 사업장에서 더 힘들게 싸우는 노동자들도 만나고, 노동자들이 하나로 뭉쳐서 싸워야 한다는 것을 깨닫고 계속 배우고 있다.

부당해고를 다투는 소송도 하고 있다. 중앙노동위원회에서 부당해고 판결을 받았다.* 얼마 전 울산 4공장에서 해고된 촉탁 노동자도 지방노동위원회에서 승소했다. 그런데 그에 대해 사측은 근로계약서를 잘못 작성하게 해놓고 오히려 그 노동자를 사문서 위조 혐의로 고소했다. 전주에서도 촉탁 해고자들이 소송 중이다. 그런데 나는 최종 판결에서 승소를 해도 현대차가 수용할 리 없다고 생각한다. 소송에 기대는 것이 아니라 스스로 싸울 수 있어야 하고 그 싸움은 정규직과 비정규직이 같이해야 힘이 생길 것이다.

어느 자료를 보니까 현대차의 사내유보금은 113조다. 이 돈은 노동자들의 피와 땀이다. 비정규직을 정규직으로 전환하고, 실업 노동자들에게 일자리를 주고, 일하는 노동자도 특근에 시달리지 않고, 고용이 안정된 곳에서 안전하게 일하기를 바란다. 그걸 만드는 데 사측이 돈을 써야 한다. 이전 박근혜 정부는 '노동 개혁'이랍시고 '노동 개악'을 해놓았다. 이 때문에 모든 노동자들을, 특히 노동자가 뭉치는 수단인 노동조합에 참여하고 있는 노동자들을 더 고

---

* 중앙노동위원회는 현대자동차가 23개월간 16번에 걸쳐 쪼개기 계약을 한 촉탁직 노동자를 해고한 것이 부당해고에 해당한다고 판정을 내렸다. 계속 계약이 갱신될 것이라는 '갱신 기대권'을 인정한 것이다. 그런데 2016년 10월 20일 서울행정법원은 "단기계약직이라는 사실을 인지하고 입사한 것으로 보인다"면서 현대자동차의 손을 들어주었다. 상시 업무에서 일하고 무려 16번을 계약한 노동자에 대한 해고를 정당화한 이 판결은 현대자동차에서 촉탁계약직으로 일하는 3,000명 노동자의 권리를 빼앗는 것이다.

모든 노동에 바칩니다

통스럽게 만들고 있다. 게다가 정부나 회사가 내세우는 법이나 주장은 청년 일자리, 고용 안정과 거리가 멀다. 정규직을 가난하게 만들어야 일자리가 만들어진다? 청년이, 노동자가 원하는 것은 좋은 일자리다. 생활임금과 고용이 보장된 일자리는 먹고살 권리다. 모두가 더 나아져야 조금 더 나은 정규직 노동자를 낮추면, 특히 노동조합을 깨버리면 노동자들은 더 찍소리도 못하는 상황이 되니 회사가 더 마음대로 할 게 뻔하다.

많은 사람들은 우리가 힘이 없다고 말한다. 기성세대 문제라고도 말한다. 청년들이 조금만 더 생각해보면 기성세대 문제가 아니라 정부와 자본이 끔찍하고 불안한 일자리를 만드는 주범이라는 걸 알게 될 것이다. 나는 청년 노동자로서 노동자로 살게 되거나 살고 있는 다른 청년들에게 이런 부당한 현실을 보고 함께 힘을 보태자고 말할 것이다. 노동자가 모두 같은 당사자로 나서고 뭉친다면 비정규직을 없애고 고용이 안정된 일터를 만들 힘이 생길 것이다. 시간이 걸린다고 해도 세상을 바꿔낼 수 있을 것이다.

나의 첫 번째 꿈은 비정규직 없고, 노동자들이 더 나은 삶을 사는 것이다. 노동자가 같은 꿈을 꾸고 같이 행동하기 위해 나는 오늘 이 글을 쓴다. 그리고 노동자 투쟁의 현장에 또 달려간다.

박점환_현대차비정규직지회 해고자투쟁위원회 의장

※ 현대자동차 노동조합은 2017년 12월 직접고용 계약직인 촉탁직 정규직화를 위한 협상을 진행하여 2018년 1월에 합의했다. 전체 3,000여 명의 촉탁계약직 중 1,200명을 유지하고, 2,000명을 단계적으로 줄이는 안이다. 촉탁직 해고자인 박점환 씨는 2018년 현재도 투쟁 중이다.

고용 안정의 권리가 필요하다

안정된 고용은 노동자의 권리이다.
해고에 대한 두려움이 삶을 파괴한다. 계속 일하기를 원한다면
누구라도 계약 해지당하지 않고 일할 수 있어야 한다.

- 비정규직 없는 세상을 위한 사회헌장 제1조

2007년 뉴코아-이랜드 계약직 노동자들은 "이 회사를 위해서 몇 년이나 일해온 우리를 정규직 시키지 않겠다고 해고하는 게 말이 되냐"며 파업에 돌입했다. 회사가 2007년부터 도입된 기간제법의 '기간제 2년 이상 정규직 전환' 조항을 피하기 위해 수년간 일한 기간제 노동자들을 해고했기 때문이다. 그때만 해도 기간제 노동자들은 그 회사에서 오랫동안 일해왔고 정규직 전환에 대한 기대도 갖고 있었다. 그런데 기간제법의 '정규직 전환 조항'을 회피하기 위해 갑자기 해고하니 억울했던 것이다.

그런데 지금은 어떨까? 파견법과 기간제법이 정착되어버린 후 대부분의 노동자들은 2년이 되기 전에 해고된다. 노동자들은 처음부터 1년짜리 계약서에 서명을 하고 들어왔으니 해고되는 것에 불만을 갖지 못한다. 물론 불안정한 노동이 지긋지긋하지만 계약서를 그렇게 썼으니 계약 해지가 '당연하다'며 '기업의 고유 권한'이라고 여기는 것이다. 이렇게 불안정한 노동을 당연하게 여기게 되는 것, 이것이 비정규법의 효과이다. 조금 더 지나면 '정규직'이

라는 제도가 있었다는 이야기를 옛날이야기처럼 할 때가 올지도 모른다.

누구나 고용이 불안정한 시대

한국의 노동자들은 언제 해고될지 모르는 불안감을 안고 일한다. 정규직이라고 하더라도 고용이 안정된 것은 아니다. 정리해고 제도는 '긴박한 경영상의 필요'가 있을 때만 할 수 있다. 하지만 쌍용자동차처럼 회계를 조작해서 기업이 위기인 것처럼 만들면 정리해고가 가능하고, 흥국생명이나 콜트-콜텍처럼 아무리 회사가 잘나가도 '미래에 올 경영상의 위기'를 인정하여 정리해고가 정당하다는 판결이 나오기도 한다. 비록 실패하기는 했지만 박근혜 정부에서는 '일반해고 가이드라인'을 만들어서 성과가 낮으면 해고할 수 있도록 하는 제도를 만들려고 했다. 한국 사회는 정규직들도 고용이 불안하다.

이런 고용 불안은 최근 심각한 양상이 되고 있다. 현대자동차 울산공장에서 일해왔던 한 노동자는 23개월 동안 모두 16번의 근로계약을 맺었다. 그중에는 13일짜리 초단기계약도 있었다. 현대자동차 비정규직이었던 그 노동자는 2년이 되기 25일 전인 2015년 1월 31일에 마지막으로 해고되었고, 17번째 계약서는 쓰지 못했다. 현대자동차 사내하청 노동자들이 불법파견 진정을 하고 대법원에서도 인정을 받자, 촉탁직이라는 이름으로 초단기계약직을 사용하기 시작했다. 그 노동자는 "촉탁직은 일회용품이나 마찬가지이다"라고 말한다. 그만큼 쉽게 해고되기 때문이다.

기간제 노동자들은 기간제한 2년이 되기 전에 대다수가 해고된다. 2년이 지나면 극히 일부에 한해서만 무기계약직으로 전환될 뿐이다. 운이 좋아서 무기계약직이 된다 하더라도 무기계약 노동자들은 구조조정 시기에는 1순위 해고 대상이 된다. 용역이나 파견 등 간접고용 노동자들은 원청과 용역업체의 재계약 시기가 되면 고용이 승계되지 않을까 두려워한다. 비정규직 노동자들은 늘 고용 불안을 안고 살아간다.

고용이 불안하면 노동자들은 권리를 이야기하지 못한다. 비정규직 노동자들의 임금이 정규직 노동자의 절반에 못 미치는 것은 원래 그렇게 규정되어 있어서가 아니다. 비정규직 노동자들이 고용 불안 때문에 자신의 권리를 이야기할 수 없기 때문이다. 따라서 비정규직의 고용 불안정이 차별을 만들고 노동자들의 권리를 빼앗는 원인이기도 하다. 정규직들도 고용이 불안정해지면 권리를 이야기하기 어렵다. 오세훈 시장 당시 서울시 공무원들을 대상으로 저성과자를 분류하고 서비스지원단을 만들어서 풀 뽑기 등을 시켰다. 그러자 노동자들은 저성과자에 들지 않기 위해서 서로 경쟁하고 서울시가 요구하는 대로 순응했다고 한다.

그런데도 정부와 기업은 '기업의 이윤을 위해서는 언제라도 해고할 수 있어야 한다'는 기업의 논리로 정책을 만들고 있다. 1998년 시행된 정리해고와 파견제도, 그리고 2007년 시행된 기간제법으로 인해서 비정규직이 늘어나고 노동자들은 언제라도 해고될 수 있게 되었다. 해고가 아니라 '희망퇴직'과 같은 이름으로 노동자들을 내보내고, 때로는 노동자들을 괴롭혀서 나가게 만들기도 한다.

고용 불안으로 인한 사회적 고통

고용 불안은 사람들의 삶을 피폐하게 만든다. 쌍용자동차에서 정리해고가 벌어진 이후 28명의 노동자와 가족이 목숨을 잃었다. 생계의 고통도 매우 컸지만, 자신이 쓸모없는 사람으로 여겨진 것이 견딜 수 없었다고 한다. 그리고 해고로 인해 사회적 관계가 파괴되는 상황도 너무나 힘들었다고 한다. 살아남은 사람들은 다른 동료들을 짓밟아 나라도 이 일자리에서 버티고자 했던 자기 자신에 대한 혐오가 컸다고 이야기한다. 노동자들을 길거리로 내몰고 삶을 파괴하기에 '해고는 살인이다'라고 이야기했던 것이다.

고용 불안은 기업에는 더 많은 이윤을 가져다줄지 모르지만 사회적 비용은 증가시킨다. 노동자들은 '사람'이다. 일자리가 없더라도 먹어야 하고 집세도 내야 한다. 수입이 없더라도 살아가기 위해서는 지출을 해야 하는 것이다. 비정규직일수록 모아놓은 돈도 없고 고용보험 적용율도 절반이 되지 않으니, 일자리를 잃으면 생계가 불가능해진다. 비정규직이라는 이유로 대출도 제대로 해주지 않으니 일터에서 쫓겨난 노동자들은 다음 일자리를 구할 때까지는 생계를 가족이나 친구들에게 의존하게 된다. 비정규직을 활용하여 기업은 돈을 버는데 그 비용은 결국 다른 이들에게로 전가되는 것이다.

고용이 불안정해지면 미래의 희망을 잃게 된다. 결혼을 하거나 아이를 낳기 어렵다. 정부는 엄청난 비용을 들여 결혼과 출산을 장려하는 캠페인을 하지만 불안정한 시대에 누가 그것을 선택할 수 있겠는가. 또한 불안정한 미래, 제대로 존중받지 못하는 노동 속에서 노동자들은 사회에 대해서 불만을 갖게 된다. 하지만 불안정한 노동이 일상화되면 누구를 향해 이 불만을 쏟아야 할지 알 수 없기 때문에 사회적 약자나 불특정 다수를 향해 이 불만을 쏟아내기도 한다. '묻지 마 폭행'을 비롯하여 사회관계망서비스 안에서의 폭언

등은 노동자들의 불안을 보여주는 것이기도 하다. 기업이 비정규직을 양산하고 해고를 자기 마음대로 하면서 노동자들을 쥐어짜는 동안 노동자들의 삶은 이렇게 피폐해지고 이 비용은 사회로 고스란히 전가된다.

상시 업무를 정규직화하라

모든 노동자는 안정적으로 일할 권리가 있다. 만약 노동자들이 안정적으로 일할 수 없게 된다면 정부와 기업은 그 책임을 지고 안정적인 일자리를 알선하거나 일하지 못할 때의 생계를 책임져야 한다. 안정적으로 일하지 못하게 된 것은 노동자들의 책임이 아니라 비정규직을 늘려온 기업과, 그 기업의 행태를 법과 제도로 보장해준 정부 정책의 책임이다. 노동자들의 고용 불안으로 이익을 얻은 기업과 정부가 노동자들의 고용 불안정에 대한 책임을 지도록 해야 한다.

'노동자들이 안정적으로 일할 권리'를 보여주는 핵심적인 요구가 바로 '상시 업무를 정규직으로 하라'는 요구이다. 일자리가 늘 필요하고 누군가가 일해야만 하는 일자리라면 당연히 그 일자리에는 정규직을 채용해야 한다. 그 일자리에서 비정규직으로 일한 노동자는 정규직이 되어야 하며, 그 노동자를 쫓아내고 새로운 비정규직을 채용해서는 안 된다. 비정규직은 극히 예외적인 경우에만 인정되어야 한다.

기업과 정부는 중요하지 않은 업무에는 비정규직을 쓸 수밖에 없다고 말한다. 하지만 모든 일자리는 '필요한 일자리'인가 아닌가가 중요할 뿐이다. 필요한 일을 하는 모든 이들은 정당한 권리를 보장받아야 한다. 어떤 업무가 중요한지 혹은 핵심적인지는 언제나 기

모든 노동에 바칩니다

업의 의도에 따라 달라질 수 있다. 병원은 시설 관리 업무가 중요하지 않다고 외주화하지만 시설 관리 업무는 환자의 안전·생명과 직결되는 업무인 것처럼, 일자리의 중요성이나 핵심성 여부는 기업들이 일방적으로 결정하는 경우가 많은 것이다. 또한 일자리가 중요하지 않다고 해서 거기에서 일하는 노동자들이 불필요한 것은 아니다.

계절 노동이나 산재를 당한 노동자들을 대체하는 업무 등 어쩔 수 없이 기간을 정해야 하는 업무를 제외한 모든 상시 업무는 반드시 정규직으로 고용해야 한다. 그 일자리에 사람이 늘 필요하다면 당연히 한 노동자가 계속 일해야 한다. '상시 업무 정규직화'는 고용 불안정을 없애나가는 가장 핵심적인 요구이다.

김혜진_전국불안정노동철폐연대 상임집행위원

정규직과 비정규직의 업무가 따로 있나?

대학교의 교직원들은 학생들이 입학해서 강의를 듣고 학점을 이수해서 졸업하기까지의 모든 과정이 원활히 진행될 수 있도록 각자 자신이 맡은 업무를 합니다. 다들 알고 계시듯, 교직원은 교수와 직원을 일컫는 말입니다. 그중 교수는 강의를 하고, 직원은 학사 지원과 교원 인사, 학생 복지, 시설 관리, 구매, 총무 등 학교가 원활히 돌아갈 수 있도록 행정 업무를 합니다.

지금 우리가 사는 시대는 어디서나 정규직과 비정규직이 함께 한 공간에서 일하고 있는 것을 쉽게 찾아볼 수 있습니다. 지식의 상아탑이라고 일컫는 대학교도 예외는 아닙니다. 행정 업무를 담당하는 직원은 물론이고, 강의를 하는 교수까지도 정규직 교수와 비정규직 교수가 존재하니 말입니다. 그렇게 명지대학교도 거의 모든 공간에서 정규직과 수많은 종류의 비정규직이 함께 일하고 있습니다.

그중 행정직원을 보면, 가장 다수를 차지하고 있는 비정규직은 1년 단위로 계약해서 최대 2년까지 근무가 가능한 '사무원'과 사업이 진행되는 동안 매년 계약을 체결하는 '연구원'이 있습니다. 비정규직보호법*이 제정되던 당시, 2년을 근속하면 정규직 전환을 시켜준다며 호도하던 정부의 선전과는 다르게 2년 이상 단 하루도 더 근속하지 못하고 잘려나가는 사무원, 그리고 그런 비정규직보호법의 대상조차 되지 못한 채 계속해서 비정규직으로 떠도는 연구원도 상시적이며 지속적인 업무를 맡고 있습니다. 정규직을 고용해야만 하는 상시적이며 지속적인 업무를 말입니다. 언론에 많이 오르내리는 자동차 회사의 차량 조립 공정처럼 정규직이 오른쪽 바퀴를 끼고, 비정규직이 왼쪽 바퀴를 조립하는 그런 상황은 사무직도 예외는 아닙니다. 명쾌하게 딱 나누어떨어지지 않는 행정 사무 업무의 특성상 전체 업무를 세분화하여 구분 짓는 것도 어렵지만, 그 많은 과정 중 어떤 부분이 정규직 또는 비정규직의 일인지를 말한다는 것 자체가 가능한 일인가 하는 생각이 듭니다.

여하튼 각 행정부서의 팀원들은 정규직이든 비정규직이든 관계없이 학교 전체의 행정 업무가 원활히 이루어지도록 모두 함께 열심히 일을 한다는 것. 그리고 그 과정에서 알게 모르게 정규직이라서, 또는 비정규직이라서 힘들고 상처받는 상황을 겪는다는 것. 이것만큼은 그 누구도 그렇지 않다고 말할 수 없는 것이 진실이지

---

* 노무현 정부는 2004년 '기간제법'을 제정해 2년 이내로 기간제를 자유롭게 쓸 수 있도록 해놓았고, '파견법'을 개악해 파견 허용 대상을 26개 업종에서 32개 업종으로 늘리고 고용 의제 조항(파견 2년이 지나면 정규직으로 간주한다)을 의무 조항(파견 2년이 지나면 정규직으로 전환해야 한다)으로 했다. 그러면서 효과도 거의 없는 '차별 시정 제도'를 도입했다는 이유만으로 이 법안을 '비정규직보호법안'이라고 스스로 명명했다. 비정규직 노동자들은 그 법이 비정규직을 보호하는 법이 아니며, 비정규직을 양산하는 법이라고 맞섰다. 비정규직 노조 대표자들이 열린우리당을 점거하고 국회 앞 타워크레인 고공농성에 돌입하는 등 강력하게 저항했기 때문에 쉽게 통과되지 못했으나, 결국 이 법안은 2006년에 통과되고, 2007년 7월 1일부터 시행된다.

않을까요?

사무원과 연구원 이외에도 명지대학교 내에는 제가 알지 못해 열거하지 못한 비정규직이 더 많이 있을 겁니다. 어쨌든 그러한 수많은 비정규직 중에서 우리들은 일반조교입니다. 일반조교는 행정 부서의 가장 일선에서 행정 업무를 해왔습니다. 그래서 행정조교로 불리기도 했는데, 지금은 '대학노조 명지대지부' 조합원인 9명의 일반조교만이 남아 있습니다. 5년 전쯤 비정규직보호법이 시행되면서 발생한 일반조교 대량해고 사태 이후로는 2년제 계약직인 사무원이 일반조교들의 자리를 대신하고 있기 때문입니다.

우리 일반조교들은 비정규직보호법이 시행된 2007년 7월 이후, 2년 이상 장기 근속한 일반조교들을 정규직화하는 대신 단칼에 해고했던 학교 측에 항의했고, 처음으로 노동조합에 가입해서 투쟁을 했습니다. 그 결과 2011년 10월 1일 자로 '기간의 정함이 없는 계약직 일반조교'로 복직했습니다. 그렇게 어렵게 복직을 하면서 우리들은 모두 일말의 기대를 했습니다. 이제는 고용도 보장되고, 법적으로는 정규직으로 가늠된다는 무기계약직이기에 앞으로 열심히 일만 하면 노동조건은 자연히 좋아질 것이라는 희망을 가졌더랬습니다.

복직을 하고 3년 만에 '노동조합 활동 보장을 위한 단체협약과 정규직의 60퍼센트 정도의 임금 협약'을 체결하고, 2016년 단체협약을 갱신하기 위한 교섭 과정 속에서 학교 측(사용자)은 우리들의 생각과 많이 다르다는 걸 알 수 있었습니다.

2011년 복직 이후 지금까지, 복직 전과 후의 근무 기간을 합산하면 최소 10년에서 18년이란 세월을 명지대학교에서 상시적인 행정 업무를 성실히 해왔던 우리 일반조교들의 신분을 직원으로 불릴 수 있도록, 그래서 더 이상은 말로만 명지가족이 아닌 온전한 명지가족으로 함께 일할 수 있도록 해달라고 학교 측에 요청했습니다.

그에 대해 학교 측은 "그동안 열심히 일해왔던 일반조교가 이제는 정년까지 함께 일할 거라는 것은 알지만, 무기계약직도 엄연히 계약직이며 정규직과는 하는 업무가 다르기 때문에 임금과 노동조건이 차이가 나는 것을 차별이라고 할 수 없다. 그러나 열심히 일하며 인내하고 기다리면 언젠가는 인정받을 수 있는 날도 오지 않겠느냐"라고 말합니다.

그렇게 이제는 세월이 흐른 만큼 학교 측도 우리를 명지가족으로 인정하지 않을까 하는 우리들의 기대는 여지없이 무너졌고, 정년까지 같이 갈 무기계약직 일반조교라고 이야기하지만, 정작 처우 개선에 관해서는 '차별은 안타깝지만 당연한 것이고, 그 이유는 우리 일반조교가 비정규직이었던 탓'이라는 사용자 측의 시각에 분노가 치밀다 못해 가슴 한구석이 아려왔습니다.

2년제 계약직, 무기계약직, 정규직 모두 행정 업무를 합니다. 행정 업무의 일선에서 상시적으로 일어나는 업무들을 말입니다. 졸업사정 업무를 대략적으로 예를 들면, 졸업사정 대상자를 확인하고, 졸업 조건에 부합하는지 여부를 일일이 확인하고, 졸업사정회의를 개최하여 졸업 대상자를 확정하는 전체 과정 속에서 정규직의 업무와 비정규직의 업무는 딱 잘라서 나누어지지 않습니다. 사실 어디서부터 어디까지가 정규직의 업무이고, 어디까지가 비정규직의 업무라고 구분하려 해도 나눌 수도 없는 게 현실입니다. 이러한 상황에서 함께 행정 업무를 하면서도 비정규직은 '업무 보조'라는 족쇄에

묶여 자신이 맡은 업무를 충실히 하고서도 그 대가를 바라기는커녕 평가 절하되거나 평가의 대상조차 되지 못합니다.

모든 조직은 효율적인 운영을 하기 위해 최선의 방법을 모색합니다. 업무 당사자가 자신의 업무를 자신 있게 주관하며, 더욱 효율적인 행정 처리를 위해 고민할 때, 그 조직은 더욱 발전할 수 있을 겁니다. 그러한 업무를 담당한 당사자가 비정규직이든 정규직이든 관계없이 말입니다. 함께 행정 업무를 하면서도 비정규직이라서 눈감고 귀 막으며 수동적으로 일할 수밖에 없는 상황들이 만들어진 건 단순히 그 노동자의 탓은 아닐 겁니다.

'책임과 권한'이라는 허울로 정규직을 마음대로 부리고, '업무 보조'라는 딱지를 붙여 비정규직을 옭아매어 처우에 대한 차별을 당연시하기 위한, 악마 같은 사용자의 간악한 술수가 아닐까요?

항간에는 무기계약직이 되면 고용이 보장되었으니 얼마나 좋으냐고들 이야기합니다. 그러나 실상은 차별 시정을 요구할 수 있는 '계약직'보다도 더욱 차별이 정당화된 무기한 계약직일 뿐입니다.

이제는 대부분의 사람들이 당연히 받아들이는 비정규직과 정규직의 차별에 대해, 그것이 얼마나 잘못된 일인지를 알고 있는 우리들이 계속해서 비판하고, 알리면서 우리들의 노동조건을 개선해나가야만 합니다. 먼저 경험했고, 그래서 알고 있는 우리들이 투쟁하지 않는다면, 자라나는 우리 아이들 세대에는 어떤 일이 벌어질지 상상만 해도 무섭기 때문입니다.

이렇듯 무기계약직의 현실은 앞으로도 험난한 투쟁을 예고하지만, 그 길을 가지 않을 수 없는 것도 우리들의 삶일 것입니다. 기간의 정함이 없는 계약직 일반조교인 우리들도 명지대학교의 구성원

모든 노동에 바칩니다

으로서 좀 더 당당히 일하고 내가 몸담고 있는 조직과 함께 발전해
나가길 바라는 마음으로 앞으로도 열심히 활동하고자 합니다.

서수경_대학노조 명지대지부 조합원

비정규직이라고 보조 업무만 하게 하면 안 된다

비정규직 일자리라는 이유로 낮게 평가해서는 안 된다.
일의 자율성을 빼앗아 시키는 대로만 일하게 하거나 '보조 업무'라고
불리는 일만 하게 하거나 다른 이들의 일을 함부로 떠넘겨서도 안 된다.

- 비정규직 없는 세상을 위한 사회헌장 제3조

비정규직 업무는 정말로 '덜 중요한 업무'일까? 기업은 비정규직을
늘리면서 '덜 중요한 일'이라 그렇다고 주장한다. 그런데 '중요한
일'이라는 개념은 매우 주관적이다. 서울대병원에서 산소 공급 및
시설 관리 업무를 맡는 노동자들은 하청 노동자들이다. 서울대병원
은 이 업무가 '덜 중요한 일'이라면서 외주화했지만, 노동자들이 파
업을 하려고 하자 '필수 유지 업무*'라고 주장한다. 노동자가 파업을
하면 환자의 생명과 건강이 위험하다는 말이다. 그런데도 '덜 중요
한 일'이라면서 외주화를 하다니 뭔가 앞뒤가 안 맞지 않는가?

모든 일은 필요한 일이다

노동자들이 하는 일을 '중요한 일'과 '그렇지 않은 일'로 나누는 것
자체가 일의 연계성을 파괴하는 행위이다. 병원을 예로 들면 의료
업무는 중요하고, 그 밖의 일은 덜 중요한 일이라고 간주한다. 그런

---

* 노조법상 철도, 병원, 방위산업 등 필수 공익 사업장에서 파업할 경우 반드시 근무를 유지해야
하는 업무.

데 환자가 병원에 가서 완치되기까지는 치료도 필요하지만 식사도 잘해야 하고 병원 환경도 깨끗해야 한다. 이 모든 일이 연계되어 환자를 치료하는 것이다. 일의 연계성을 고려하지 않으면 환자의 치료와 회복에 필요한 다른 업무들이 부수적으로 취급되고 그것은 환자의 치료와 회복에도 악영향을 미친다.

KTX 승무원들이 불법파견 소송을 하자 코레일은 승무원들이 '안전 업무'를 하지 않고 '안내 업무'만 하기 때문에 열차팀장의 지시를 받지 않는다고 주장했다. 대법원은 코레일의 주장을 받아들여서 불법파견이 아니라고 인정해버렸다. 그러나 고속으로 달리는 KTX에서 승무원들이 안전 업무를 하지 않는다면 승객들의 안전을 누가 보장하겠는가? 철도공사가 노동자를 비정규직으로 만들려고 '안내 업무'만 시키게 되면 승객들도 피해를 입는다. 물론 노동자들은 비상 상황에서 안전 업무를 할 것이다. 그런데 코레일은 "당신들의 업무는 안내 업무야"라고 우기면서 꼭 필요한 안전 교육이나 훈련을 제대로 실시하지 않고 있으니 문제이다.

비정규직이 '덜 중요한 업무'를 하는 것은 아니다. 대학교수의 사례를 보면, 약 5만 9,000여 명의 국내 시간강사들이 대학 강의의 절반가량을 맡아서 전임교수와 동일한 노동과 시간을 투자하여 학생들을 가르친다. 세월호에서 숨진 김초원, 이지혜 선생님은 기간제 교사였지만 이분들은 담임이었다. 인사혁신처는 '기간제 교사'라는 이유로 이분들이 '업무 전념성이 떨어진다'고 주장하면서 순직 인정을 하지 않았다가 3년이 지나서야 순직을 인정했다. 그런데 '담임 교사'가 업무 전념성이 떨어진다니 정말로 이상한 말이다. 지금도 중고등학교 현장에서는 비정규직 선생님들이 담임을 맡고 있다.

기업은 자꾸 업무를 나누고 위계화한다

노동자들이 정규직과 비정규직의 차별에 대해 문제를 제기하면 기업들은 비정규직에게 소위 '덜 중요한 업무'를 분리해서 그 일만 시킨다. 고용노동부 사무원은 직업 상담원과 함께 고용센터에서 취업 알선과 직업 상담, 고용보험 피보험자 관리 등의 업무를 해왔다. 그런데 2011년 사무원들이 직업 상담원과의 차별을 시정하라고 요구하자, 고용노동부는 전국 고용센터에 "사무원은 보조 업무를 하는 직원이니, 채용 목적에 맞게 업무를 분장하라"고 지시하면서 취업 희망카드 스티커 부착, 팩스 정리, 우편물 발송 등의 업무만 하도록 만들었다. '차별 시정' 요구에 '업무 차별'로 대응한 것이다. 차별 시정을 피해가기 위해서였다.

강제로 일자리를 만들기 위해 단순 업무를 분리해내기도 한다. 박근혜 정부는 고용률 70퍼센트를 달성하겠다면서 '시간선택제'라는 비정규직 시간제 노동을 늘리고, 공공 기관에 시간선택제 채용을 강제 할당했다. 그러면서 '시간선택제 적합직무'를 개발하라고 지침을 내렸다. 각 기관들은 시간제 노동자를 채용하기 위해 단순 업무들을 모아 '시간선택제 적합직무'라고 해두고, 시간제 노동자를 이 업무로 배치해버렸다. 그리고 계약 기간이 끝나면 해고해버렸다. 이로 인해 정규직 신규 채용 역시 축소됐다. 박근혜 정부는 시간선택제 일자리에 대해 '노동자가 자발적으로 선택한 일자리'처럼 포장했지만 실제로는 비정규직이라는 이유로 일의 자율성도 없이 단순 업무만 하도록 만들어놓은 것이다.

기업들은 노동자들을 통제하기 쉽게 만들려고 일을 구분해 차별을 한다. 비정규직은 힘이 없으므로 언제 해고될지도 모르고 낮은 임금을 제시해도 감사히 일하므로 통제하기 쉽다. 정규직 노동자들은 허구적인 우월감을 갖기 쉬워져 회사에서 문제가 생기면 자신을 관리자와 같은 위치에 두고 노동자의 관점이 아니라 회사의 입장에서 문제를 해결하려고 한다. 기업들은 정규직과 비정규직의 연대감이 사라지게 하려고, 눈에 보이는 차별을 통해 정규직 노동자들이 비정규직을 차별하는 의식을 갖도록 부추기는 것이다.

노동자는 일에 대한 자부심과 자율성을 가져야 한다

'덜 중요한 일'이라면서 비정규직을 채용하는 것을 멈춰야 한다. 철도에서는 '덜 중요한 일'을 외주화하겠다고 하면서 야금야금 비정규직을 늘렸다. 식당과 청소, 판매 업무를 외주화하더니 이제는 승무원까지 외주화했다. 철도 안전에 가장 중요한 정비 업무도 코레일테크라는 자회사로 넘겼다. 심지어 코레일테크는 90퍼센트 이상을 비정규직으로 채웠다. '덜 중요한 일'이라는 주관적 판단으로 외주화를 하게 되면 모든 업무가 비정규직으로 채워진다. '덜 중요한 일'이라는 주장을 우리가 인정해서는 안 되는 이유다.

또한 비정규직이 하는 일이라고 해서 함부로 단순하거나 덜 중요한 일이라고 간주해서는 안 된다. 학교 비정규직 중에는 행정 업무를 맡고 있는 노동자들이 있다. 그런데 교육부에서는 이 노동자들을 서무 '보조'나 행정 '보조' 등으로 불렀다. 노동자들은 이런 명칭에 문제 제기하면서 지역별로 '교육공무직원 조례'를 제정해 '실무사' 등으로 명칭을 변경했다. 이 노동자들은 이 업무를 하찮게 여기는 교육청에 맞서 스스로 노동의 자부심을 찾아나가고자 한 것이다.

비정규직이라는 이유만으로 기업이 단순하고 하찮은 일이라고 취급하는 일만 하게 되면 노동자들은 위축되고 일을 통해 즐거움을 느끼기 어렵다. 모든 노동은 자율적이어야 하고 충분히 자부심을 가질 수 있어야 한다. 어떤 업무이건 '필요한 일'을 하는 모든 노동자는 존중받아야 한다. 그것이 서로 연계되어 있는 업무들이 합력을 이루는 길이기도 하다.

정인열_전국불안정노동철폐연대 회원

모든 노동에 바칩니다

영세사업장이라는 사각지대

2007년 봄, 당시 우리 노동조합(서울경인사무서비스노동조합)에 20대 초반으로 보이는 여성 노동자가 찾아왔다. 20대 초반 정도의 연령대 노동자가 노동조합에 상담을 오는 경우는 매우 드문 일이어서 비상한 관심을 가지고 상담에 들어갔다.

한국심사자격인증원에 다니고 ISO를 인증하는 일이 주 업무라고 했다. 그때만 해도 ISO가 사회적으로 잘 알려지지 않은 시기여서 그것이 무엇인지 거의 이해하지 못한 채 다음 이야기로 넘어갔다. 한국심사자격인증원에 일하고 있는 노동자가 3명인데 회장이 부장을 보직해임하고 여성 노동자 2명에게 "도끼로 찍어버리겠다"는 등의 폭언을 일삼아 도저히 견딜 수 없어 노동조합을 찾아왔다는 것이 상담의 주요 내용이었다.

그날 4월 10일 상담을 하러 온 여성 노동자는 다음날 우리 노동조합의 한국심사자격인증원지부 설립 총회에서 지부장으로 선출되었다. 지부장, 대의원, 조합원, 각각 한 명씩 총 3명이 한국심사자격인증원의 노동자 전부였고, 사용자는 비상임 회장과 상임 원장이었다. 상시 노동자가 3명인 데다 이들 모두에게 해고 위협이 닥친 급박한 사업장이라는 이유로 지부 설립과 동시에 곧바로 단체교섭을 시작했지만, 역시나 사용자는 노동조합의 교섭 요구에 순순히 응하지 않고 역습을 전개했다. 조합원에 대한 해고 위협이었다,

조합원의 해고 위협은 우리 노동조합에 많은 고민거리를 안겨줬다. 다른 사업장에서도 수많은 해고 사례를 겪었고 다양한 방식의 투쟁을 통해 복직을 이뤄냈지만, 한국심사자격인증원에서의 해고 위협은 이전 사례들과는 전혀 다른 압박으로 다가왔다. 5인 미만 사업장 노동자가 근로기준법 등의 사각지대에 있다는 사실을 뼈저리게 느끼지 않을 수 없도록 만들었다. 5인 미만 사업장 노동자가 해고당했을 때 근로기준법에는 구제 방법이 없었다. 이뿐만 아니라 노동위원회에 구제 신청을 할 수도 없었다. 그래서 강도 높은 투쟁을 고민해야만 했다.

한국심사자격인증원은 가산디지털단지역 인근 공장형 사무실이 가득한 커다란 빌딩의 11층에 10여 평 정도를 임대하여 사용하고 있었다. 공간의 절반은 업무를 보는 사무실이었고, 나머지 절반은 교육장 겸 회의실이었다.

4월 23일 우리 노동조합은 지부 설립 12일 만에 전격적으로 회의실을 점거하여 철야농성에 돌입했다. 파업권을 확보하지 못한 상태에서 하는 점거 투쟁이라 불법적인 요소가 있었지만, 뒷일을 걱정하며 투쟁할 상황이 아니라는 판단이었다.

회의실 점거 후 우리 노동조합은 매일 2회 단체교섭을 요청하면서 사용자와 대화를 하고자 했다. 그러나 회사는 25일 조합원을 해고하며 우리 노동조합과의 대결을 선포했고, 우리 노동조합은 영세사업장이라는 한계를 뛰어넘기 위해 서울지역본부 남부지구협의

회 노동자들과 연대를 모색했다.

3명의 노동자가 싸우고 있다는 사실이 알려지자 남부 지역 노동자들의 적극적인 연대가 밀려왔다. 중식 집회에는 50명 이상의 연대 노동자가 함께했다. 집회 후에는 11층 사무실로 몰려가 해고 철회와 책임자 처벌을 외치며 회사를 압박했다. 회사 측은 우리 노동조합과 연대 노동자들의 강력한 투쟁을 견디지 못하고 5월 7일부터 단체교섭에 나오기 시작했다.

단체교섭의 주요 의제는 당연히 조합원의 복직이었다. 우리 노동조합은 조합원의 원직 복직과 미지급 임금을 요구했고, 사측은 복직은 불가하다는 입장을 전달해왔다. 철야농성은 길어질 기미를 보였지만, 우리 노동조합과 한국심사자격인증원지부 3명의 조합원들은 회사 사무실에서 식사까지 해결하며 조금도 물러서지 않았다.

한국심사자격인증원 회장이 교수로 재직 중인 인하대학교 교수실까지 찾아가서 요구하자, 그는 회장직을 사퇴해버렸다. 남아 있던 원장은 조합원의 복직에 동의하지 않을 수 없었다. 3명 조합원의 강력한 투쟁과 끈끈한 연대가 만들어낸 승리였다.

한 달여간 계속된 회의실 점거농성은 조합원의 복직과 함께 끝을 맺었고, 지리한 단체교섭이 이어졌다. 3명의 노동자가 일하는 회사가 다 그렇겠지만, 공적인 업무인 ISO 인증을 담당하는 사람들을 교육하는 사단법인이며, 한국인정원이라는 국가 기관의 통제를 받는 한국심사자격인증원 노동자들은 근로기준법에도 미치지 못하는 조건에서 일하고 있었다.

단체교섭 과정에서 우리 노동조합이 근로기준법에 맞춰 단체협약을 합의하자고 하면, 회사 측은 사규에 따르면 된다고 주장했다. 다른 사업장에서 노동자가 근로기준법보다 낮은 노동조건으로 일하고 있다면 근로기준법 위반으로 고발하면 그만이지만, 이곳 한국심사자격인증원에서는 사측과 합의하지 않으면 절대로 적용시킬 수 없는 사안이 되었던 것이다. 5인 미만 사업장에서는 근로기준법이 일부만 적용되기 때문이었다.

조합원을 복직시키고도 투쟁은 계속될 수밖에 없었다. 집회와 선전전, 그리고 노동위원회의 쟁의조정을 통해 파업권을 확보해서 회사를 압박했다. 한국심사자격인증원지부는 지부 설립 6개월이 지나서야 단체협약을 체결할 수 있었다.

지금도 가산동 디지털밸리에 가면 한국심사자격인증원이 있고 그곳에는 5명의 노동자가 일하고 있다. 2007년 봄에 해고되었던 조합원도 여전히 노동조합 조합원으로 지부를 지키고 있다.

10년의 세월이 흘러 한국심사자격인증원의 노동자들은 단체협약을 통해 근로기준법보다 우월한 노동조건으로 일하고 있지만, 가산동 공장형 사무실들에는 근로기준법조차 적용받지 못하는 수많은 노동자들이 사용자들의 눈치를 보며 하루하루를 보내고 있다는 사실을 깨닫곤 한다.

이동구_전국사무연대노동조합 위원장

모든 노동에 바칩니다

근로기준법과 사회보험은
모두에게 적용되어야 한다

근로기준법과 사회보험은 노동자 모두에게 적용되는 권리이다.
근로기준법이나 사회보험 적용에 제한을 두어서는 안 된다.
실업을 당했을 때 실업부조도 제공되어야 한다.

- 비정규직 없는 세상을 위한 사회헌장 제13조

노동자가 가져야 할 최소한의 권리를 밝힌 법이 바로 근로기준법이다. 그런데 그 근로기준법을 제대로 적용받지 못하는 노동자들이 너무도 많다. 5인 미만의 영세사업장에서 일한다는 이유로, 가사 노동자라서, 특수고용 노동자라서, 문화예술 노동자라서…… 가장 많이 보호받아야 할 노동자들이 정작 법으로 정한 최소의 권리조차 보장받지 못하는 게 지금 우리의 현실이다.

　근로기준법뿐만이 아니다. 사회보험을 적용받는 데서도 많은 노동자가 배제되고 있다. 저임금과 불안정한 고용에 시달리는 이들에게 사회보험은 사회안전망이 되어주지 못하고 있다. 게다가 청년 실업자, 실업과 반실업을 오가는 불안정 노동자들은 당장의 생계를 유지하기 위해서 나쁜 일자리, 더 나쁜 일자리로 내몰리고 있는 형편이다. 그러니 이제는 모든 노동자에게 근로기준법과 사회보험을 완전하게 적용할 뿐 아니라, 일하고 싶어도 일하지 못하는 이들을 위한 실업부조 제도도 마련되어야 한다. 생존, 그 자체의 권리를 말해야 한다.

모든 노동자에게 근로기준법을

2015년 민주노총이 발표한 '전국 공단(산업단지) 노동실태조사'에
따르면, 공단 전체 근로기준법 위반율이 90.0퍼센트에 달한다. 산업
단지 안에 있는 회사들이 근로기준법을 거의 지키지 않고 있는 것이
다. 노동조건의 '최저' 기준인 근로기준법이 실제론 '최고' 기준
으로 작동하는 것이 현실인데, 이마저도 제대로 지켜지지 않고 있다
는 것은 큰 문제이다. 그런데 근로기준법이 안 지켜지고 있는 것도
문제지만, 이보다 더한 것은 근로기준법의 일부만 적용받거나 아예
적용받지 못하는 노동자들이 많다는 점이다.

　　근로기준법의 적용 범위는 상시 5명 이상의 근로자를 사용하
는 사업장에 한해서다. 그래서 5인 미만 사업장에서는 근로기준법
의 일부 규정만 적용받을 수 있다. 그렇다보니 해고 규정을 적용받
지 않아서 언제든 자유롭게 해고할 수 있으며, 부당해고일지라도 노
동위원회에 구제 신청을 할 수가 없다. 연장근로의 제한도 받지 않
으며, 연장근로에 대한 가산수당을 주지 않아도 된다. 2년 이상 비정
규직 노동자를 사용해도 기간제법이 정한 정규직 전환을 따르지 않
아도 된다. 이처럼 가장 엄격하게 규정받아야 할 근로계약 기간, 해
고, 근로시간 등에 대해 5인 미만의 영세한 사업장에서 일한다는 이
유로 그 권리가 제한된다는 것은 부당하기 짝이 없다. 그럼에도 헌
법재판소는 영세한 사업장의 능력과 사정을 고려해야 하고, 국가가
근로감독을 하는 데 한계가 있다는 이유를 들어 사업장의 규모에
따라 차별적으로 적용되는 근로기준법의 적용 범위에 대한 위헌성

모든 노동에 바칩니다

판단에서 합헌 판정을 내렸다.

　이렇듯 한편에선 근로기준법의 적용 제한을 받는 노동자들이 있다면, 다른 한편에선 아예 적용조차 받지 못하는 노동자들도 있다. 대표적으로 가사 노동자, 특수고용 노동자, 문화예술 노동자 들이다. 정부는 국제노동기구(ILO)의 권고가 있음에도 가사 노동자들에 대해 근로기준법을 적용하지 않고 있다. "개인의 사생활과 관련되어 있고, 근로시간이나 임금 등의 규제에 관하여 국가의 행정감독이 미치기 어렵다"는 이유로 가사 노동자의 노동권을 공식적으로 인정하지 않고 있는 것이다. 가사 노동자의 권리를 인정하는 법안이 국회에 제출되어 있으나 2018년 초인 지금도 법안은 통과되지 못하고 있다.

　또한 특수고용 노동자들은 근로기준법이 정의하는 근로자로 볼 수 없다는 이유로, 문화예술 노동자들은 소위 프리랜서라서 노동자로 규정짓기 어려운 데다 이들을 노동자로 인정할 경우 노동자의 범위가 넓어질 수 있다는 이유로 근로기준법을 적용받지 못하고 있다.

　근로기준법은 최소한의 노동조건을 정한 법이다. 적어도 노동조건이 이 정도는 되어야 한다고 규정한 법이라서 근로기준법에 못 미치는 노동조건을 정한 근로계약은 무효가 된다. 그런데 어처구니없게도 정작 더 많은 보호가 필요한 노동자들을 이러저러한 이유를 들어 외면하고 있다. 그러니 우리는 근로기준법을 준수하라고 외치는 데서 그쳐서는 안 된다. 모든 노동자에게 근로기준법을 적용하라고 요구해야 한다. 그래야만 근로기준법이 노동자의 권리를 보장하는 기본법으로서 제 역할을 할 수가 있다.

모든 노동자에게 사회보험을

고용노동부가 발표한 2015년도 '고용 형태별 근로실태조사'에 따르면, 정규직의 경우 사회보험(고용보험, 산재보험, 건강보험, 국민연금) 가입률은 95~98퍼센트인 데 반해, 비정규직은 산재보험 외의 보험 가입률이 53~67퍼센트에 불과하다. 비정규직의 사회보험 가입률이 정규직과 비교해 낮은 이유는 사용자가 보험 가입을 기피해서이기도 하고, 노동자가 가입을 꺼리기도 해서이다. 비정규직 노동자들로선 임금이 적기 때문에 보험료 납부에 대한 부담으로 인해 사회보험 가입을 피하는 것이다.

　한편으론 아예 사회보험 가입 자체를 하지 못하는 노동자들도 있다. 제도적으로 가입 자격이 주어지지 않아서 가입하고 싶어도 하지 못하는 것이다. 특수고용 노동자들의 경우가 그러하다. 특수고용 노동자들은 자신을 노동자로 호명하며 노동3권(단결권, 단체교섭권, 단체행동권)을 비롯해 사회보험을 적용받기 위한 투쟁을 오랫동안 해왔는데, 그 결과 4개 보험 중 겨우 산재보험 하나만 적용받을 수 있게 됐다. 하지만 이도 보험설계사, 학습지 교사, 콘크리트믹서 트럭 자차 기사, 골프장 캐디, 택배 기사, 전속 퀵서비스 기사 등 일부 노동자에 한해서일 뿐이다. 물론 고용노동부는 가입 대상을 늘리겠다고 이야기하고 있지만 특수고용 노동자는 매우 많은데 이 중 일부만 선별해서 사회보험을 인정해주는 정책으로는 큰 실효를 거두기 어렵다.

　문화예술 노동자들의 경우엔 예술인복지법의 시행으로 산재보험 가입을 허용받았는데, 보험료에 대한 비용은 오롯이 노동자가 부담하게끔 되어 있다. 이들 모두 당연히 고용보험 가입도 원했으나 노동자로 인정받지 못하고, 그 요구는 번번이 묵살당했다. 지금의 사회보험 체계가 사용자와 노동자 간의 안정적인 고용 관계를 기초로 설계되었기에 그 관계 밖의 다양한 고용 형태를 가진 노동자들에겐 그림의 떡인 셈이다.

사회보험이 진정 사회안전망으로서 작동하려면, 일하는 모든 이에게, 그 고용 형태가 어떠하든 상관없이 노동자로 인정하고 보험에 가입할 수 있도록 해야 한다. 또한 보험료가 부담되는 저임금 노동자에겐 사용자가 아닌 노동자에게 직접 보험료 감면 혜택을 주어 보험 가입을 꺼려하지 않도록 만들어야 한다. 그리고 유해하고 위험한 업무에 우선 배치되어 일하고 있는 하청 노동자들에게는 원청이 사용자로서 책임을 지고 산재보험을 들도록 해야 한다. 더 근본적으로는 사회보험을 확대 적용하는 방안을 모색하는 것을 뛰어넘어 보험료 납부와 같은 '기여'가 없더라도 필요한 이에게는 조건 없이 완전한 혜택을 주는 사회보험 제도를 상상해보는 것이 필요하다. 사회적 위험에 맞닥뜨렸을 때 시혜가 아니라 진정 인간답게 살아갈 수 있도록 존중을 담아 돕는 사회보험을 말이다.

일자리와 생존을 분리하고 실업부조를 제공하라

실업자 수 최고치 기록, 고용 한파, 청년 실업률 심각 등등 정부가 고용 통계를 발표할 때마다 어김없이 들려오는 말들이다. 그 말들이 새삼스럽거나 놀랍지 않은 건, 이미 우리는 고용 수치가 보여주는 것보다 훨씬 더 심각하게 실업 문제를 '체감'하고 있어서다. 우리 사회에서 일하지 못한다는 것은 곧 생존이 위태롭다는 말과 다를 바 없기에 실업 문제는 수치로는 설명되지 않는 공포를 내포하고 있다.

현재 노동자가 일자리를 잃었을 때 생계를 기댈 수 있는 유일한 사회적 대책은 실업급여뿐이다. 그러나 실업급여를 받을 수 있는 기간은 90~240일밖에 되지 않고, 수급액도 실직 전 평균임금의 50퍼센트밖에 안 되기에 사실상 실업급여만으로 생계를 유지하기란 어렵다. 그리고 이 정도의 실업급여라도 받으려면 고용보험에 가입되어 180일 이상 보험료를 내야만 하는데, 앞서 사회보험 제도에서 살펴본 것처럼 고용보험 가입 자격을 갖지 못하는 이들이 무수해 '고용보험-실업급여'는 애초부터 실업 대책으로서는 한계가 명확하다. 설령 고용보험 제도를 개선해 실업급여 대상을 확대하고, 수급액을 높이고, 수급 기간을 늘린다고 하더라도 노동자의 기여에 의존하고 있는 한 근본적인 실업 대책이 될 수 없다.

그래서 일하고 싶어도 일하지 못하는 이들이 요구하는 것이 바로 '실업부조'이다. 실업부조는 실업과 반실업을 반복적으로 오가는 불안정 노동자, 청년 실업자, 장기 실업자 등 일하고자 하는 의사가 있는 이들이라면 그 모두에게 실업 시 생계 유지가 가능한 금액을 아무 조건 없이 지급하는 제도이다. 그 재원은 노동자가 아닌 정부와 기업이 부담하는 것을 기본으로 한다. 왜냐하면 지금의 실업은 노동자 개개인이 노력하지 않거나 능력이 없어서 발생하는 것이 아니라, 끊임없이 노동자들을 불안정하게 만들면서 이윤을 획득해 온 기업과 그 편에 선 정부로 인해 구조적으로 발생하는 것이기 때문이다.

일하지 않고서는 생존하지 못하는 사회라서 노동자들은 나쁜 일자리일지라도 선택을 한다. 기업은 일자리를 빌미 삼아 노동자들을 통제하고 착취한다. 살기 위해 강제된 노동을 할 수밖에 없고, 살기 위해 노동자의 권리를 포기할 수밖에 없는 참혹한 현실이다. 그러니까 일자리와 생존을 분리시켜야 한다. 지금 우리가 일하지 못하는 것은 정부와 기업에 그 책임이 있음을 드러내고, 생존을 위해 나쁜 일자리를 전전해야 하는 악순환의 고리를 끊어내야만 인간다운 생활이 가능하다. 여기에 우리가 "실업부조를 제공하라"고 요구하는 속뜻이 있다. 일하지 못한다고 해서 사람이 아닌 것은 아니지 않는가? 그러니 우리는 이제 일을 하든 하지 못하든 상관없이 생존 그 자체의 권리를 말해야 한다.

안명희_전국불안정노동철폐연대 비상임집행위원

사내하청지회, 존재의 슬픔

2017년 3월 28일은 금속노조 현대자동차 아산공장 사내하청 노동조합* 창립 14주년이 되는 날이었다. 그동안 많은 일이 있었다. 우리에게 노동조합은 무엇이었을까.

2003년 사내하청 노조 설립 이후 초반에 가입해 회사의 온갖 회유와 협박, 탄압에도 불구하고 노조를 탈퇴하지 않고 버티며 투쟁했던 조합원들 사이에, 노동조합을 탈퇴하지 않는 이유가 된 유명한 일화가 있다.

"꼬우면 정규직 해라."

노동조합이 아직 없던 시절 정규직들은 한 타임에 한 번씩 하루 네 번 화장실 교대를 해주는데, 왜 우리는 한 번도 안 해주냐고 항의하는 비정규직 노동자들에게 업체 관리자들이 했던 말이다. 어떤 사람은 장갑을 집어던지고 라인이 서거나 말거나 화장실을 가기도 했고, 어떤 사람은 사무실로 계속 전화를 해도 사람이 없다며 교대해주지 않자 라인에서 신문지 깔고 똥을 눠버리기도 했다. 그러나

---

* 정식 명칭은 '금속노조 현대자동차 아산공장 사내하청지회'인데 여기에서는 이해를 돕기 위해 사내하청 노조, 혹은 비정규직 노조라고 표현한다.

대부분의 노동자들은 속에서 올라오는 뜨거운 덩어리를 삼키며 더 조용히 침묵하며 일했다. 그러다 결국 월차 쓰려던 동료가 관리자의 칼에 찔리는 사건이 벌어졌으니[**] 아무리 상황이 안 좋다 해도 다시는 노동조합이 없던 그때로 돌아갈 수는 없다고 서로서로 고개를 끄덕이며 격려했다.

그로부터 14년이 흘렀다. 금속노조에 우리 사내하청 노조는 어떤 의미였을까.

2016년의 일이다. 금속노조는 금속산업사용자협의회와 중앙교섭을 하고, 다시 지역별로 나뉘어서 집단교섭을 한다. 그리고 현대기아자동차 그룹에 속한 정규직 노조와 부품업체 노조들이 모여서 현대기아차 그룹사 공동교섭을 요구했다. 그런데 이 교섭을 준비하는 노조의 모든 회의에 우리 사내하청 노조뿐 아니라, 당진과 광주의 현대제철 비정규직 노조들과 현대기아차 그룹의 비정규직 노조들은 제외되었다. 왜 비정규직 노조들은 빠졌냐고 충남지부 확대간부 수련회에 참석한 위원장에게 질문을 했다.

"교섭이 될지 안 될지 모르는 거고, 현대기아차 그룹사 공동교섭은 사업장의 현안을 논의하는 자리가 아니다."

금속노조 위원장의 대답은 참 이상한 동문서답이었다. 우리는 교섭에서 뭘 논의하는지, 우리 현안을 그 안에서 논의할 것인지를 질문한 게 아니었다. 만약 현대기아차 그룹사 노사가 모여 공동교섭을 한다면 정규직 노조만이 아니라 사내하청 노조도 교섭 자리에

[**] 2003년 현대자동차 아산공장에서는 월차를 쓰려던 하청 노동자를 하청 관리자가 식칼로 찌른 사건이 있었다. 하청 노동자들이 월차를 함부로 쓰지 못하도록 본때를 보여야 한다는 생각이었다고 한다. 이 사건 이후 하청 노동자들은 라인을 세우고 항의를 했으며, 그 결과 노동조합도 만들어졌고 이후에는 월차도 자유롭게 쓸 수 있게 되었다.

참가해야 하는 것 아니냐고 질문한 것이다. 대법원에서 현대자동차 사내하청은 불법파견이므로 원청인 현대자동차가 진짜 사장이라고 판결했는데, 현대기아자동차는 우리를 무시하고 우리와 교섭을 하려고 하지 않는다. 그런데 금속노조도 우리 하청노조를 무시해서 교섭단과 회의에 넣어주지 않는 것처럼 느껴졌다.

교섭이 될지 안 될지 모르기 때문에 사내하청 노조를 교섭단에 안 넣어준다는 것이 무슨 논리인지 모르겠고, 이 교섭이 현안을 논의하는 자리가 아니라는 대답은 모욕적이다. 정규직들이 폼 나게 교섭하는데, 뭘 모르는 비정규직들이 사업장에서 잘 안 풀리는 현안을 들고 올까봐 안 끼워준다는 말이 아닌가.

"누나, 그만해요. 뭔 말인지 뻔하잖아요. 우리는 필요 없는 거예요. 자기들끼리 한다잖아요."

익숙한 모욕을 느끼면서도 더 논쟁하지 않은 이유는 옆에 앉은 우리 사내하청 노조 임원 한 명이 웃으며 말렸기 때문이다. 14년 전 우리가 노동조합을 만들기 전 하청업체 관리자에게 들었던 "꼬우면 정규직 해라"란 소리를 2016년 금속노조 위원장에게 다시 들은 셈이다.

2003년 엽기적인 식칼 테러가 일어난 후 다음날 파업을 하고 우리는 일주일 만에 노동조합을 만들어서 금속노조 충남지부 소속의 지회가 되었다.

현대자동차에 교섭을 요구했더니, 회사는 자기들과 아무 상관없다며 교섭에 응하지 않았다. 2005년 근로자 지위 확인 소송을 시작했다. 소송에 이겨서 실제 정규직이 되고 싶다는 마음보다는 우리의 진짜 사장을 밝히고 싶었다. 현대자동차가 우리의 진짜 사장이라는 것이 법적으로 확인되면 회사도 더 이상 우리를 교섭 상대가 아니라고 부인하지 못할 것이라는 기대가 더 컸다.

우리 사내하청 노조의 소송이 지방법원, 고등법원에서 모두 승리했다. 2010년 울산공장 비정규직이었던 최병승 씨도 대법원에서 승소하여 우리 비정규직 노동자들을 정규직으로 전환해야 한다는 판결이 나왔다. 그러자 드디어 회사는 교섭에 나왔다. 사내하청 노조와 교섭한 것이 아니라, 특별교섭이라는 이름으로 현대자동차 정규직 노조와 울산, 전주, 아산 세 군데 사내하청 노조가 공동으로 참석하는 교섭이었다. 현대자동차가 드디어 교섭 자리에 앉았으니 특별교섭이면 어떠랴 싶었다. 그러나 2012년 특별교섭에서 현대자동차 정규직 노조는 비정규직 노조가 동의할 수 없는 안을 수용했고, 이 안을 비정규직 노조들이 받지 않으면 교섭에서 손을 떼겠다고 선언했다. 그 교섭안은 비정규직을 정규직으로 전환하는 안이 아니라 회사가 비정규직 일부를 신규 채용으로 받아주겠다는 안이었다.

14년 동안 정규직 노동조합으로부터 '손 뗀다'는 말을 참 많이도 들었다. 처음 노동조합을 만들었던 2003년, 아산 사내하청 노동조합 사업에 연대하지 않겠다는 현대자동차 아산공장 정규직 노조의 선언이 있었고, 2004년 사내하청 도장부의 한 노동자가 계약 해지되어 단식투쟁을 할 때 정규직 대의원으로부터 단식을 중단하지 않으면 손 뗀다는 말을 들었으며, 류기혁 열사가 죽었을 때도* 정규

---

* 2005년 현대자동차 사내하청 노동자였던 류기혁 조합원이 스스로 목숨을 끊었다. 사내하청 노동자들은 류기혁 열사의 정신을 계승하기 위해서 싸움에 임했다. 그런데 정규직 노조에서는 류기혁 조합원을 '열사'로 부를 수 없다면서 대책위원회 구성과 투쟁에 소극적이었다. 유서 한 장 남기지 못했지만 납치, 해고, 구속으로 탄압받는 노동조합과 함께하다 해고된 노동자의 죽음을 제대로 이어받기는커녕 '열사냐 아니냐' 논쟁으로 끌고 갔다. 비정규직 노동자의

직 노동조합은 손을 뗐고, 2010년 아산공장 금양물류에서 성희롱을 당한 여성 조합원이 투쟁할 때도 현대자동차 정규직 노조로부터 손 뗀다는 말을 들었다.

물론 초반에는 연대하지 않겠다고 했던 현대자동차 아산공장 노동조합은 늘 현장에서 함께 연대해주었고, 손 뗀다는 말을 들을 때마다 우리가 투쟁을 포기했던 것도 아니다. 정규직 노동조합이 뭐라 하건 투쟁을 지속했다. 왜냐하면 우리에게는 늘 절실한 문제이므로 중단할 수가 없었으니까. 그렇게 투쟁해서 회사가 드디어 우리의 요구를 들어줄 때는 손 뗀다고 했던 현대차 정규직 노동조합과 회사가 합의를 해서 해결했다.

"우리 임금은 우리가 교섭해서 올리든지 힘없으면 못 올리든지 할 테니 정규직이 나서지 말고 내버려두라"고, "정규직들은 정규직들의 임금만 합의하라"고 말하면 "사내하청 노조 조합원은 몇 명되지도 않는데, 만 명이나 되는 현대자동차 안의 모든 비정규직 노동자들을 위해 임금교섭을 대리로 하고 별도 합의할 수밖에 없다"고 정규직 노동조합은 대답한다.

현장에서 현안이 발생해도 마찬가지다. 아주 사소한 문제조차 우리 사내하청 노조가 요구하면 회사는 완강하게 거부하다가 정규직 노동조합 간부들이 나서면 문제를 들어주고 해결이 된다. 현장에 있는 비정규직 노동자들은 사내하청 노조에 가입하지 않았다. 가만히 있으면 해마다 정규직 노동조합에서 임금을 올려주기 때문이다. 문제가 발생하면 정규직 노동조합에 전화하면 되기 때문이다. 사내

권리가 보장되는 사회를 만들고자 했던 류기혁 열사의 정신이 올바로 계승되어야 한다.

모든 노동에 바칩니다

하청 노조에 가입하지만 않으면 해고도 탄압도 없으니, 비정규직을 위해 우리 사내하청 노조가 열심히 싸우는 것은 인정하지만 굳이 가입할 필요를 느끼지 못하는 것이다. 비정규직 노동자들은 문제가 발생하면 정규직 노동조합을 통해 해결하면 된다고 생각하고 있고, 또 사실이 그랬다.

그러니 현대자동차 노동조합 간부들은 늘 투덜댄다. 딴에는 열심히 비정규직 노동자들의 문제를 해결하기 위해 동분서주하는데, 비정규직 노동조합 간부들이 그걸 몰라줄 뿐 아니라 여러 군데에서 욕을 먹기 일쑤이기 때문이다. 문제가 발생했을 때 회사는 안 들어준다고 하고, 사내하청 노조는 완강하게 투쟁한다고 하니 그 사이에서 이리저리 해결 방법을 찾으며 고생하고 있기는 하다. 그런데 회사랑 이야기하다가 회사가 안 된다고 거부하는 순간, 현대자동차 노동조합 간부들은 손을 떼겠다고 말한다. 자기들 문제도 아닌데 나서서 조율하는 게 피곤한 것이다. 그럴 수 있다고 생각한다. 동등하게 인정하고 함께 연대하고 투쟁하는 것이 아니라 해결사로 나서서 조율하려고 하니 그게 잘 안 되면 포기하는 것이다.

현대기아그룹과 공동교섭을 하겠다는 위원장이 사내하청 노조를 대표단에 들이지 않는 이유도 똑같은 것이다. 대등한 주체로 인정하고 함께 논의해 요구안을 만들고 함께 싸워서 공동교섭을 할 생각이 없으니, 사내하청 노조들의 의견은 들어보지도 않는다. 비정규직의 현안 따위나 논의하는 교섭이 아니니 우리에게 마음대로 생각하라고 일갈하는 것이다. 금속노조에게 우리 사내하청 노조는 현안을 해결해달라고 아쉬운 소리나 하며 요청하는 존재일 뿐인데 감히 대표단에 끼워달라고 하니, 기분이 나빴던 모양이다.

우리를 대등한 주체로 인정하지 않는 이 노조가 13년 동안 내가 사랑한 금속노조이다. 해결사를 자처하다 귀찮아지면 반복해서 손을 뗀다고 말하는 현대자동차 정규직 노조가 우리와 가장 가까이에서 연대하는 '동지'라는 사실이 아산 사내하청 노조의 슬픔이다.

2003년 해고되어 아산공장 정문에서 경비들에게 출입이 막힌 후 아침마다 몸싸움을 하던 때가 있었다. 지역 노동자들, 정규직 조합원들과 연대해서 공장에 들어가는 날도 있었고, 못 들어가는 날도 있었다. 이렇게 싸우는 것이 지겨워서 한 번 공장에 들어가면 농성장에서 먹고 자고 하면서 나오지 않은 적도 있었다. 그러다 수배가 되었고, 저녁에 샤워장 앞에서 용역 경비들에게 납치되어 정문에 대기하고 있던 경찰에게 던져져 구속되었다. 그러자 남아 있는 우리는 바로 단식투쟁에 돌입하면서 '해고자들의 출입 보장'을 요구했고, 단식 9일 만에 회사와 현대자동차 정규직 노동조합은 '정규직 노동조합 간부들의 인솔하에 아산 사내하청 노조 해고자들의 출입을 보장한다'는 합의를 했다.

2005년쯤으로 기억한다. 정문에서 정규직 노동조합에 출입을 요청했다. 그런데 정규직 노동조합 간부들은 바쁘다고 좀체 나타나지 않았다. 우리는 12시간 동안 그들을 기다리며 아산공장을 바라보고 서 있었다. 겨우 단식투쟁을 해서 합의한 것이 정규직 간부의 인솔하에 출입을 보장하는 것이었다니. 뭐 이따위 합의가 있냐고 차라리 출입을 하지 않겠다고 거부했으면 어땠을까. 우리 조합원들이 함께 투쟁해서 우리만의 힘으로도 충분히 이 문을 넘으면 얼마나 좋을까. 그런 날이 올까. 힘없는 사내하청 노조 간부는 정문에 서서 공장을 바라보며 이런저런 생각을 했다. 어떤 날은 20분만 기다리면 들어갈 수 있었고, 또 어떤 날은 12시간을 기다려야 했다. 벌써 그 시간이 14년이다.

그 14년은 비정규직 노조가 스스로 자기 이해와 요구로 투쟁하고, 그에 따라 스스로 회사와 마주 앉아 합의서에 서명을 할 수 있는 시간, 매우 상식적인 권리를 찾기 위해 아직 멈추지 않고 있는 시간이다.

권수정_현대자동차 아산공장 비정규직 노동자

비정규직도 스스로를 대표할 수 있어야 한다

비정규직도 스스로를 대표할 권리가 있다.
노동조건의 향상을 요구하고 권리를 이야기하고 교섭하는 모든 권한은
비정규직 노동자 스스로에게 있다.

- 비정규직 없는 세상을 위한 사회헌장 제17조

비정규직 문제가 사회적으로 중요해지다보니 모든 이들이 '비정규직을 위해'라고 말한다. 최저임금이 오른 것을 핑계 삼아 노동자를 해고하는 기업이 생기자 언론은 '비정규직을 위해' 최저임금을 낮춰야 한다고 말한다. 비정규직을 양산하는 악법으로 비판받는 파견법도 '파견 근로자 보호 등에 관한 법률'이다. 명분은 비정규직을 '위한' 것이다. 모두가 비정규직을 '위한다'고 말하는 이때, 비정규직 노동자들은 말한다. '우리는 스스로를 위할 것'이며 '우리의 권리는 우리가 찾는다'고 말이다. 비정규직 노동자들이 노동조합을 만들고 권리를 찾아나서는 것도 스스로 주체가 되기 위함이다.

비정규직을 대변한다고 하는 이들

기업들은 비정규직 노동자들에게 교섭의 권리를 주지 않으려고 한다. 금융노조는 지부 전체가 포함된 집단교섭을 한다. 금융노조 비정규특별지부도 당연히 이 집단교섭의 주체여야 한다. 그런데 2005년 산별교섭에서 기업들은 비정규특별지부가 교섭에 들어오

는 것에 동의하지 않았고, 결국 교섭장에까지 들어갔지만 정작 합의 과정에서는 교섭 대표 중 한 사람으로서 합의서에 서명을 할 수가 없었다. 비정규직 노동자들의 대표성을 인정하지 않은 것이다. 기업은 비정규직을 권리의 주체로 인정하지 않으려고 한다. 정규직이 비정규직 노동자들을 대신해 대변하라고 요구한다. 정규직 노동자들은 비정규식과 함께 권리를 찾기 위해 싸우기보다는 자신들이 '대신'해주는 것이 훨씬 편하고 빠르다고 생각한다.

현대자동차 사내하청은 불법파견이며 정규직으로 전환해야 한다는 2010년 대법원 판결이 나온 이후 사내하청 노동자들은 현대자동차가 직접 교섭에 나서서 문제를 풀어야 한다고 주장했다. 그러나 현대자동차 사측은 사내하청 노동자들을 교섭 대상으로 인정하지 않았다. 정규직 노동조합도 사내하청 노동자들이 직접 나서서 교섭하는 것에 동의하지 않았고 자신들을 통해서 교섭이 이루어지기를 바랐다. 그러나 정규직 노조에 의한 대리교섭은 2014년 8월 18일 '신규 채용을 통한 일부 정규직 전환'이라는 법원 판결에도 못 미치는 결과를 낳았고, 비정규직 노동자들은 그 교섭안에 반대하며 다시 긴 싸움을 해야 했다.

그런데 비정규직을 대리하려고 하는 이들은 정규직만은 아니다. 정치권도 노동자들이 스스로 권리를 찾도록 하기보다는 자신들이 노동자들을 대리하려는 경향이 있다. 새정치민주연합(현 더불어민주당)의 을지로위원회는 비정규직 노동자들을 위해서 많은 일을 해왔다. 그런데 을지로위원회가 노동자들의 투쟁에 영향을 미치고 합의 타결에 도움을 준 사업장은 주로 간접고용 사업장들이다. 원청 회사들이 하청 노조를 인정하지 않고 교섭에 나서지 않으니 싸움은 길어진다. 이럴 때 을지로위원회가 개입해 문제를 해결하곤 했다. 그런데 간접고용 노동자들이 이렇게 긴 싸움을 하는 이유는 법적으로 원청이 사용자로서 책임을 지지 않기 때문이다. 그렇다면 입법기관인 국회의원은 원청의 사용자 책임을 제도화해서 간접고용 노동자들이 직접 교섭을 할 수 있도록 해야 한다. 그것이 국회가 할 일이다. 그런데 그 일에 힘을 쏟기보다는 그 법이 없어서 고통받는 노동자들의 싸움을 중재하는 방식으로 문제를 '대리'하고 있는 것이다. 국회의원들이 자신의 일을 제대로 해서 원청의 사용자 책임을 법으로 규정하면, 비정규직 노동자들도 자신의 힘으로 교섭을 할 수 있게 된다.

그런데 비정규직 노동자들을 다른 이들이 대리하겠다고 나서는 데에 비정규직 노동자들의 책임이 아예 없다고는 할 수 없다. 비정규직 노동자들은 현실의 어려움 때문에 정규직이나 정치권을 활용하려는 시도를 많이 해왔다. 물론 법과 제도로 노동권이 보장되어 있지 않다는 점에서 어쩔 수 없었다고 볼 수 있지만, 그런 현실을 넘어서기 위해서 법과 제도를 바꾸기 위한 싸움을 끈질기게 벌여오지는 못했다. 정규직이나 정치권 활용론, 그리고 대리주의는 동전의 양면일 수밖에 없다.

정부는 비정규직 노동자를 인정하고 있는가

2012년에 새누리당(현 자유한국당)은 '사내하도급법'을 입법 발의했다. 그러나 비정규직 노동자들의 강력한 반발에 부딪혀 결국 입법에 이르지는 못했다. 하지만 이후에 '사내하도급 가이드라인'이라는 이름으로 사내하청을 합법화하는 시도를 하고 있다. 그런데 그 내용을 보면 "사내하도급 근로자의 정당한 노조 활동 존중, 사내하도급 근로자 대표의 의견 개진 기회 부여" 등의 명목으로 마치 자신들이 사내하청 노동자들의 주체성을 존중하는 것처럼 이야기한다. 하지만 노동자 대표의 의견 개진 기회를 부여하는 것일 뿐, 원청이 직접 당사자로서 협상에 나서는 것이 아니며 비정규직 노동자들의 대표성을 인정하는 것도 아니다. 이런 방식으로 사내하청을 합법화하면서 노동자들이 원청을 상대로 직접교섭할 권리를 박탈하고 있다.

노사정위원회도 마찬가지이다. 2015년 9월 13일 노사정위원회는 야합을 통해 '노동시장 구조 개악'을 관철시켰다. 박근혜 정부는 노동계에 대해 "정규직 대공장만의 입장을 대변하는 곳이며, 취약계층 노동자들의 요구를 반영하지 않는다"고 비판했다. 그러면서 마치 '공익위원'들이 정규직 대기업이 아닌 대다수 노동자, 즉 공익의 입장을 대변하는 것처럼 분위기를 만들었다. 하지만 노동자들의 요구는 정규직과 비정규직 요구로 분리되지 않는다. 기업의 요구인가 노동자의 요구인가가 핵심일 뿐이다. 소위 '공익위원'들과 경영계, 그리고 박근혜 정부는 하나같이 기업의 입장에서 노동시장 구조 개악을 요구했고, 민주노총이 거부한 이 노사정위원회에서 한국노총을 압박해 자신들의 편을 들도록 밀어붙였다. 노사정위원회에서는 그 누구도 노동자들의 입장에 서 있지 않았다.

문재인 정부에서도 마찬가지다. 비정규직 노동자는 스스로 대표하지 못하며 누군가가 비정규직을 대리해야 하는 존재로 인식된다. 비정규직 노동자들이 노동조합을 만들 권리를 부여하면 노동자들이 스스로 권리를 찾기 위해 뭉칠 텐데, '비정규직 스스로 노조를 만들지 못하니' 정부가 나서서 '노동회의소'와 같은 구조를 만들어서 비정규직을 '대변'하겠다고 한다. '공공 부문 정규직 전환을 심의'하는 자리에도 비정규직들은 이해관계 당사자라는 이유로 참여하지 못했다. 전문가들이 비정규직을 대신해서 말한다고 하는 동안, 비정규직 노동자는 심사의 대상이 되었다. 그러나 스스로를 대표할 권리는 당사자들에게 있으며 비정규직은 스스로를 대표할 수 있는 힘이 있다.

비정규직은 스스로를 대표해야 한다

비정규직 노동자들이 자기 스스로를 대표하려면 조직이 필요하다. 그 조직은 알바노조 등 세대별 노조를 포함한 비정규직 노동조합일 수도 있고, 아니면 권리 찾기 모임과 같은 형태의 모임일 수도 있다. 종교계 등도 다양한 비정규직 모임을 만들 수 있을 것이다. 이런 다양한 형태의 모임을 통해서 비정규직 노동자들이 스스로 목소리를 내야 한다. 그리고 그런 비정규직 조직들 간의 네트워크와 연대가 필요하다. 그래야 비정규직 노동자들의 힘을 모을 수 있고, 정부 정책이 만들어질 때에도 '비정규직 노동자들의 목소리를 들으라'고 요구할 수 있다. 집회와 시위를 통해, 그리고 정책적으로 목소리를 내야 한다.

비정규직 노동자들이 법적인 교섭 대표성을 갖는 것도 중요하다. 그렇기 때문에 원청이 사용자 책임을 갖도록 하고, 공공 기관의 경우에는 직접고용과 간접고용을 막론하고 정부가 교섭의 주체로서 나설 수 있도록 하며, 노동자들의 노동조건에 영향을 미치는 자에 대해서는 폭넓게 교섭 당사자로 나설 수 있도록 하는 법 개정이 필요하다. 비정규직 노동자들의 교섭 대상자가 불분명하거나 복합

적일 수도 있기 때문이다.

　　동시에 노동조합 안에서도 비정규직 노동자들의 대표성을 인
정하기 위한 노력을 기울여야 한다. 비정규직 노동자들이 임원이나
의결 단위에서 조금 더 많이 대표될 수 있도록 할당제 등 제도를 마
련해야 한다. 민주노조 운동이 그런 노력을 기울일 때 더 많은 비정
규직들이 스스로를 조직하면서 문제 해결의 주체로 나설 수 있게
된다.

김혜진_전국불안정노동철폐연대 상임집행위원

오늘날 법은, 특히 노동과 관련된 법은 가진 것 없고 힘없는 노동자들에게 갈수록 불리하고도 엄격하게 작용하고 있다. 비정규직 노동자를 양산하고 이들을 권리의 사각지대로 내모는 가장 강력한 무기가 바로 법과 제도다. 그리고 이렇게 된 데에는 더 많은 이윤과 노동자 통제를 위해 법 위에 군림하는 기업이 있다.

근로기준법을 끌어안고 몸을 태웠던 전태일 열사의 시대로부터 50년 가까운 세월이 흘렀음에도 여전히 노동자들의 절규는 다르지 않다. 그 50년 가까운 시간 동안 수많은 노동 관련 법이 만들어졌고, 적지 않은 법에 '보호'라는 포장이 덧붙여졌음에도 현실은 마찬가지다. 오히려 없느니만 못한 법으로 혹은 이름뿐인 존재감으로 법은 노동자의 권리를 제약하고 있다. 비정규직이라는 이유로 인간답게 살아가기 위한 최소한의 권리조차 박탈하는 현실이다. 그렇기 때문에 법에 규정된 최소한의 권리를 지키라는 요구조차도 함께 싸워야 얻을 수 있는 것이다.

3부
법으로 요구하는
권리

이야기 열

우리는 간접고용 비정규직

2014년 3월 30일 LG유플러스 유선홈서비스 노동자들이 모여 노조를 설립했다. 노조를 설립하면서 내가 처해 있는 노동환경에 대해 참으로 명확하게 알 수 있었다. 그저 회사가 시키는 대로 일 하나를 처리하면 그것에 대한 대가를 받는 것이 당연하다고 느끼던 때였다. 우리의 노동 형태를 설명하는 자리에서 이름도 생소한 간접고용 비정규직이라는 명칭을 들을 수 있었다. LG유플러스의 일을 수행하지만 LG유플러스 소속이 아니고, 또한 그들의 하청업체에서 일을 하지만 하청업체의 정규직도 아니라는 설명. 그 누구도 말해주지 않던 나의 사회적 지위에 새삼 열등감을 느꼈다.

사실 돌이켜 생각해보면 노조를 결성하고 2년이 넘은 현재로서는 참으로 상상도 못할 일들이 많았던 것 같다. 법인세 혜택 및 원청의 영업 압박을 피하기 위해 1년 혹은 2년마다 법인명만 바꿔서 연차도 퇴직금도 제대로 받지 못하고, 그 상황 속에서 연 단위 계약으로 재계약을 위해 머리를 땅에 처박으며 회사에 잘 보여야 했던 상황들.

점심 시간도 따로 정해주지 않고, 그저 아침 8시 20분까지 출근해서 보통 저녁 7~8시까지는 기본으로 일해야 했던 환경들. 토요일은 당연히 출근해야 하는 것이고, 한 달에 한두 번은 해야 했던 주말 일요일 당직. 지금 계산해보면 주 60~70시간은 일한 것 같다. 하지만 이것에 대한 보상은 주어지지 않았다. 포괄임금 계약이라는 형식으로 시간외 수당을 모두 임금에 녹여 계산했기 때문에 몇 시간을 일하든 법정 노동시간 안에서는 시간외 수당이 발생하지 않은 것이다.

이외에도 착취는 끝이 없었다. 회사는 기술직인 우리 기사에게 늘 이렇게 말하곤 했다. "고객의 접점에 있으니 댁에 방문해서 영업을 하라! 영업하면 돈을 주겠다, 하지만 못하면 임금을 깎겠다!" 원청이 고객에게 전화를 걸어 기사 평가를 하는 일명 해피콜. 해피콜 점수가 낮으면 임금을 또 깎았다.

그들의 차감 정책은 끝이 없었다. 월급을 지키기 위해 옆의 동료를 적으로 만들고 서로 경쟁해야만 살아남을 수 있는 상대로 만들었다. 회사는 그것도 모자라 일을 잘하지 못한 사람의 임금을 차감해서 잘하는 사람에게 주겠노라고 당당히 이야기하고, VOC(Voice of Customer)라도 하나 뜬 달에는 월급이 무려 30만 원 이상 깎여서 아내에게 욕을 먹어야 했다.

'월급이 얼마나 많으면 30만 원을 까이고도 생활을 하지?' 하고 생각할 것이다. 당시 A/S 업무를 해서 회사에서 고정적으로 월급을 받는 직군의 평균임금은 200만 원이 되지 않았다. 거기에 각종 비용은 모두 기사들 몫이었다. 고객을 방문하기 위해 사용되는 자동차도 유류비도 차량 유지비도 통신비도 공구도 모두 기사 본인이 사고 부담해야 했으며, 회사에서 주는 것이라곤 LG 유플러스 마크가 찍힌 유니폼이 전부였다.

　회사에서 쓰는 비용을 제외하고 나면 실제로 받는 월급은 최저임금보다 낮을 때도 많았던 것 같다. 개통 기사는 고정적인 월급이 아니라 건바이건(일을 처리한 횟수만큼 돈을 받는 형태)으로 임금을 받았는데, 일이 없을 땐 손가락을 빨고 일이 많을 때는 밤 10시가 되어도 집에 못 들어가면서 돈을 벌어야 했다. 이런 소득 불안정은 통장에 찍히는 돈은 많은 것 같은데 뒤로 빚은 계속해서 쌓여가는 이상한 상황을 연출했다.

　하청업체인 서비스센터는 조선 시대의 마름 역할을 하고 있었다. 가입자 대비 정액으로 내려오는 서비스 관리 비용에서 사무실 운영 비용을 제외하고 나머지 금액을 N분의 1로 나눠 AS기사에게 배분하고, 개통 수수료는 단가에 퍼센트(원청 단가에서 65퍼센트, 60퍼센트)를 먹여 개통 기사에게 지급했다. 노동자에게 착취한 서비스만족도 차감 금액과 VOC 차감 금액, 영업 차감 금액은 중간 관리자들의 월급과 인센티브로 지급되었다.

　한마디로 사장은 회사를 관리하는 것이 아니라 노동자가 일한 것을 일부분 빼앗아 먹음으로써 회사를 운영하는 것이었다. 착취가 곧 이익인 구조 안에서 센터 사장은 노동자들을 쥐어짜서 조금이라도 더 이윤을 남기길 원했고, 그런 와중에 우리 기사들은 가정에 충실하지 못하게 되고, 저녁이 없는 삶을 살아갈 수밖에 없었다.

　정말 기가 막힌 것은 현재 노조가 건재해 있는 2016년 이 시점에서도 과거의 관리 방식은 하나도 바뀌지 않았다는 것이다. 왜 노조가 생겼는데도 노동환경이 바뀌지 않을까?

　답은 원청에 있다. 어떠한 책임도 어떠한 역할도 하지 않으려는 이 대기업 원청은 법적인 사용자 책임을 회피하려 하청업체에 관리를 맡기고 있기 때문이다. 심지어 이윤을 추구하는 자본의 논리에도 맞지 않는다. 하청업체를 두는 것이 직접고용하는 것보다 비용이 많이 들기 때문이다. 또한 단일화되지 않은 60여 개나 되는 서비스센터 하청업체 관리도 쉬운 것이 아니다. 그런데 무엇 때문에 그렇게도 하청업체를 두며 노동의 질을 떨어뜨리고 서비스 질을 떨어뜨리는지 알 수가 없다.

노조를 만들고 6개월가량 파업을 하며 근로자 지위 확인 소송(개인사업자가 아닌 노동자임을 확인받는 법적 절차)을 했다. 우리가 노동자임을 확인받고 겨우 얻어낸 것은 원청의 직접고용이 아니라 하도급업체 서비스센터의 정규직 지위였다. 법의 한계와 투쟁의 한계가 여기까지라지만 이 투쟁 속에서 경험한 원청의 만행들을 생각하면 아직도 치가 떨린다.

대기업으로서 노동3권을 지키는 모범적인 모습은 보이지 못할망정, 기업 이미지만 내세워 이렇게 말했다. "가입자에게 서비스를 못하면 영업 손실이 난다." "이 문제는 LG 유플러스 원청과는 상관없다. 하청 서비스센터와 너희 기사들끼리의 문제이니 원청과는 상관없다." "기업이 손해 볼 수는 없다." 결국 원청은 대체 인력들을 만들어 각 센터에 투입시킴으로써 파업 인력이 없어도 회사가 잘 돌아가게 만들었고 그것으로써 파업을 무력화시킨 것이다. 사실상 파업의 대상이 원청이 아니기 때문에 법적으로는 문제될 것이 없는 것이다.

힘든 싸움 끝에 임단협을 체결하고 그 이후 1년이 지난 현재도 서비스센터의 하청 사장들은 '노조 깨기'에 전념하고 있다. 임단협을 맺을 당시 '일을 하지 않으면 어떻게 하냐? 너희 노동자를 믿을 수 없다. 건바이건으로 일하던 노동자들이 고정급이 생기면 일을 안 할 것이다'라는 사측의 논리로 실적급 위주의 임금을 설계하게 되었고, 이제는 이 임금안을 이용해서 고의적으로 실적을 못 올리게 만들어 노조원들을 말려 죽이고 있다.

기본급 140만 원. 나머지 임금은 실적으로 채워 가져가야 하는데, 그것을 못하도록 과잉 인력을 투입한 것이다. 월급은 반 토막이 났다.

보통 다른 업체에서는 인력 채용이 늘어나면 일이 편해지고 노동자에게 좋은 일이겠지만, 서비스기술직의 노동환경에서는 오히려 독이다. 왜냐하면 보통 인력을 늘리면 고정급으로 인한 회사의 부담이 늘어나는 반면, 서비스기술직에는 사측의 비용 부담이 없기 때문이다. 기본급이 없는 개인도급 형태의 인력을 대량으로 투입시킴으로써 회사는 단 한 푼의 부담 없이 노조원들을 말려 죽일 수 있기 때문이다.

정말 부도덕하게도 직원들의 생계는 생각하지 않고, 견디는 놈만 쓰겠다는 생각으로 대량으로 인력을 투입해 서로 일감을 뺏어 '아귀 싸움'을 하도록 조장하는 것이다. 살아남았다 하더라도 여기서 끝이 아니다. 또 인력을 뽑아 배치시킴으로써 끝없이 서로 싸우도록 쳇바퀴를 돌리는 것이다. 이로 인해 노동환경은 계속해서 낙후되고, 서비스의 질 또한 더불어 떨어지고 있다.

하지만 원청은 이 문제에 대해서 어떠한 입장도 내놓고 있지 않다. 오히려 센터의 서비스 지표를 강화함으로써 과잉 인력을 양산하는 구실을 하청업체에게 주고 있으며, 원청과 서비스센터 간의 계약 기간을 1년 혹은 짧게는 6개월 단위로 계약함으로써 서비스센터에서 일하고 있는 노동자에게 고용 불안을 주고 있다.

아무리 열심히 투쟁해서 임단협을 만들어놓아도, 서비스센터가 바뀌면 대량해고가 발생하고 어렵게 고용이 보장되어도 임단협을 다시 맺어야 하는 악순환이 매년 반복되는 것이다. 이에 더해 경남권역에서는 새롭게 서비스센터 계약을 하는 업체에 어용노조를 만들어 들어옴으로써 노조 무력화를 대놓고 하고 있다. 게다가 유착 관계도 심해서 일명 센터 주고받기(지역의 센터를 맞바꾸어 실제로 같은 사업을 하면서도 지역만 바꿔가면서 서비스센터 사업을 유지해나가는 것)도 공공연하게 일어나고 있다. 특히 이 센터 주고받기의 경우 원청의 도움 없이는 힘들 것으로 예상되는데도 2016년에만 10개의 센터가 센터 주고받기를 했다. 센터 주고받기의 결과는 고스란히 현장 노동자에게 고용 불안으로 이어졌다.

이제는 이러한 문제점들을 사회 전반에 드러내고, 대기업의 책임감 없는 행동을 바로잡아야 한다. 하청업체 직원들도 고용 불안에 시달리지 않고, 정당한 대우를 받으며 노동을 할 수 있는 환경을 만들어야 할 것이다. 이에 오늘도 커다란 산을 향해 투쟁의 돌멩이를 던진다.

제유곤_LG유플러스 비정규직 노동자

진짜 사용자가 책임져야 한다

진짜 사용자가 책임을 져야 한다. 노동자를 고용해서 이윤을
얻으려는 자는 노동자를 직접고용해야 하고, 노동자들의 노동조건에
영향을 미치는 모든 이들은 사용자로서 책임을 져야 한다.

- 비정규직 없는 세상을 위한 사회헌장 제4조

사용자(사장)임이 분명한데도 법적인 사용자가 아니라는 이유로 노동법상의 책임과 의무를 지지 않아도 되는 이들이 있다. 바로 '간접고용'을 사용하는 원청 대기업들이다. '간접고용'이 이런 불합리한 현실을 만들었다. 간접고용 상태에서 노동자는 마치 상품처럼 사고팔리며, 한 번 쓰고 버리는 일회용품 취급을 받는다. 그런데도 이 고약한 고용 형태를 정부와 기업은 예외가 아닌 일반적인 고용 형태로 만들려고 한다. 그러니 간접고용 노동자들은 저항할 수밖에 없다. 사람은 사고파는 상품이 아니라고, 노동자를 사용해 이윤을 얻는 자가 바로 진짜 사장이라고, 노동자를 무권리 상태로 만드는 간접고용은 없어져야 한다고 외치며 싸우고 있다.

'고용' 따로, '사용' 따로……

2013년 한 노동자가 스스로 목숨을 버렸다. 배고파서 못 살겠다고 했고, 너무 힘들다고 했다. 2016년에는 3층 높이에서 에어컨 실외기를 수리하다가 아래로 떨어져 숨진 노동자도 있었다. 이들은 모

두 삼성전자서비스의 로고가 새겨진 옷을 입고 삼성전자의 제품을 수리하던 노동자였다. 그렇다면 이들은 삼성의 직원이었을까? 아니다. 이들은 그저 삼성전자서비스의 하청업체 직원이었을 뿐이다. 삼성의 명함을 가지고 삼성을 위해 일했으나 정작 삼성의 가족은 아니었다.

통신·케이블 노동자들도 별반 다르지 않다. 대기업 통신사의 작업복을 입고 일하지만 그 기업에 소속된 직원은 아니다. 대학의 청소 노동자들도 마찬가지다. 아침저녁으로 대학의 시설을 쓸고 닦지만 자신의 노동으로 인해 깨끗해진 대학의 직원은 아니다. 세계공항서비스평가 1위에 빛나는 인천공항의 많은 노동자들도 인천공항의 직원이 아니며, 현대자동차 공장 안에서 현대차를 만들고 있는 사내하청 노동자들도 현대차의 직원이 아니다. 반월시화공단에 넘쳐나는 파견 노동자들의 경우엔 오늘은 이 공장 내일은 저 공장으로 마땅한 소속 없이 유령처럼 떠돌고 있다.

이처럼 일일이 열거하기도 숨 가쁠 만큼 수많은 노동자들이 도급, 용역, 외주(아웃소싱), 분사, 사내하청, 파견 등의 다양한 형식과 이름을 가진 간접고용 상태에서 일하고 있다. 간접고용 노동자들에겐 사장이 둘이다. 하나는 자신을 '고용'했으나 사용자로서 실질적인 권한은 없는 가짜 사장이고, 다른 하나는 자신을 '사용'하여(일 시켜) 이윤을 얻지만 직접고용하지 않았다는 이유로 노동법상의 책임과 의무를 회피하고 있는 진짜 사장이다. 이 진짜 사장이 간접고용 노동자들에게 실질적인 영향력과 지배력을 행사하고 있음에도 법적인 사용자가 아니어서 간접고용 노동자들의 권리를 구조적으로 박탈하고 있는 것이다.

기업은 왜 간접고용을 선호하는가

2016년 삼성전자 협력업체 노동자가 메틸알코올에 중독돼 눈이 실명되었다. 구의역에서는 스크린도어를 수리하던 외주업체 노동자가 전동열차에 치어 사망했다. 이들은 모두 20대의 노동자였고, 간접고용 노동자였다. 이처럼 간접고용 노동자들은 언제든 안전을 위협받는데, 이들을 고용한 하청업체는 노동 비용을 낮추어 이윤을 남기려 하고, 이들을 사용하는 원청업체는 노동법상 의무를 지지 않아도 되기 때문에 노동자들의 안전 문제는 도외시된다. 게다가 간접고용 노동자들은 상시적인 해고가 가능한데, 이는 원청이 경기 변동에 따라 생산량을 조절해야 할 때 하청업체와의 계약 해지로 간단히 노동자들을 정리해버리기 때문이다. 필요할 때 필요한 만큼 노동자를 썼다가 버려도 해고 비용이 들지 않고 법적 제재도 받지 않는다. 그러니 기업은 위험을 외부화하고 거리낌 없이 고용을 조정할 수 있는 간접고용을 선호할 수밖에 없다.

　혹여 간접고용 노동자들이 노동조합이라도 만들면 하청업체와 계약을 해지하거나 아예 하청업체를 폐업해버리는 방식으로 노동자들을 쫓아낸다. 직접고용 계약을 맺지 않아서 단체교섭을 할 의무가 없다는 점을 악용해 교섭을 회피하면서도 노동자들의 투쟁에는 엄청난 탄압을 직접 가한다. 일례로 아사히글라스는 하청업체 노동자들이 노동조합을 만들자 하청업체와의 계약 해지를 통해 170여 명의 노동자를 해고해버렸다. 홍익대는 청소·경비 노동자들이 교섭을 요구하자 청소·경비 노동자들은 하청업체 소속이므로 자기들과는 아무런 관계가 없다며 발뺌을 했다. 현대자동차는 사내하청 노동자들이 교섭을 요구했을 때에는 자기들과 근로계약을 체결한 바

없다며 모르쇠로 일관하다가 파업에 돌입하니 그때는 직접 나서 사내하청 노동자들을 고소·고발하고 손해배상을 청구하고 조합원들의 통장을 가압류하는 탄압을 저질렀다.

그래도 원청은 아무 법적인 책임을 지지 않는다. 노동3권을 이렇게 손쉽게 무력화해도 말이다. 그러니 기업으로서는 노동자들을 관리하고 통제해 사용자가 얻을 수 있는 건 다 얻으면서도, 정작 사용자가 져야 할 노동법상의 책임과 의무는 지지 않아도 되는 간접고용을 마다할 이유가 없는 것이다.

간접고용은 반드시 없어져야 한다

1944년 국제노동기구는 "노동은 상품이 아니다"라는 원칙을 으뜸으로 삼은 〈필라델피아 선언〉을 공표했다. 1953년 제정된 우리나라 근로기준법은 중간 착취를 원칙적으로 금지하고 있다. 노동자의 직업 안정을 도모하기 위해 1967년 제정된 직업안정법은 근로자 공급 사업을 엄격히 규제하고 있다. 이는 모두 노동자는 직접고용해야 하며 상품이나 노예처럼 사고팔아서는 안 된다는 점을 말하고 있는 것이다.

그런데도 1998년 김대중 정부는 직접고용의 원칙을 뒤집고 중간 착취를 합법화하는 '파견 근로자 보호 등에 관한 법률'(파견법)을 제정함으로써 간접고용을 법으로 정당화시켰다. 이후 노무현 정부는 파견법을 개정해 26개 업무에 한했던 파견 허용 업무를 32개로 확대했고, 파견 노동자를 2년 이상 계속 사용할 경우 직접고용으로 전환해야 한다는 직접고용 간주 규정을 의무 규정으로 후퇴시켰다. 이명박 정부는 복합고용서비스업체를 제도화해서 인력을 중개하는 고용서비스를 산업으로 활성화시키고자 했고, 사내하청을 합법화하기 위해 사내하도급법안을 제출하기도 했다. 박근혜 정부 들어서도 마찬가지로 파견 대상을 확대하고, 파견 기간을 연장하고, 제조업에서의 파견을 허용하려고 했다. 비록 이 법안은 노동자들의 투쟁으로 무산되었지만 파견법 제정을 시작으로 간접고용은 계속 범위가 넓어지고 있다.

그래서 파견법은 반드시 폐기되어야 한다. 파견법 제정으로 인해 간접고용이라는 고용 형태가 법적인 정당성을 획득했고, 이를 근거 삼아 간접고용이 예외가 아닌 일반적인 고용 형태로 정착되고 있기 때문이다. 그리고 그동안 간접고용 노동자들이 요구해온 '원청 사용자 책임 인정'이 받아들여져야 한다. 정부와 기업이 간접고용을 포기할 수 없는 이유는 사용자로서 책임과 의무를 지지 않아도 되기 때문이다. 그러니 간접고용 노동자들의 권리를 보장하기 위해선 원청이 진짜 사장으로서 책임과 의무를 다할 수 있도록 법으로 강제해야만 한다.

간접고용의 문제는 간접고용 노동자들만의 문제가 아니다. 사람을 사고파는 일은 어떤 식으로든 정당화되어선 안 되기에 간접고용 상태에 처해 있든 아니든 상관없이 우리 모두의 문제가 되어야 한다. 간접고용은 절대 있어서는 안 된다는 사회적 의식이 형성되고 확산되어야 한다. 그랬을 때 간접고용 철폐를 위한 힘이 제대로 만들어질 수 있을 것이고, 노동자의 권리 또한 온전히 지켜질 수 있을 것이다.

안명희_전국불안정노동철폐연대 비상임집행위원

모든 노동에 바칩니다

퇴근하는 시간에 출근하는 사람들

"우린 6월에도 내복을 입고 일합니다."

강남 교보생명 근처에서 만난 대리운전 기사 이상국 씨는 실제 내복을 입고 있었다. 반세기만에 찾아온 5월 무더위지만 새벽엔 쌀쌀해 대부분의 대리 기사들은 6월까지 내복을 입는다. 꼭 쌀쌀한 밤공기 때문만은 아니다. 대리 기사 일을 1년만 계속하면 몸이 망가져 쉽게 추위를 탄다.

이 씨는 마흔 고개를 넘긴 4년 전부터 대리운전 시장에 뛰어들었다. 이 씨는 "오롯이 야간 노동만 하는 대리운전 기사는 5~6년 하다보면 장기가 모두 망가져 몸이 병든다"며 대리운전 기사의 고충을 털어놨다. 이 씨는 이 일을 '생명을 깎아먹는 일'이라고 규정했다. 손님을 태워주고 다시 도심 유흥가로 돌아오려면 밤길을 급한 걸음으로 걸어야 하기에 족저근막염을 달고 산다.

정신적 스트레스도 심한 편이다. 대리 기사는 남의 공간(자동차)에 들어가서 일하기에 항상 긴장할 수밖에 없다. 하룻밤에 5건의 콜을 타면 한 달에 100명, 1년엔 1,200명의 낯선 사람과 마주한다. 최근 통계에는 1년 내 한 번 이상 손님으로부터 폭행당한 경험이 있다는 대리 기사가 52퍼센트에 달했다.

이 씨는 "생각보다 진상 손님은 많지 않다. 그러나 1년에 한 번만이라도 진상 고객을 만나면 그 트라우마가 오래간다"고 했다. 대리 기사들은 이런 감정노동을 당해도 하소연할 곳이 마땅치 않다. 이 씨는 "가해자도 알고 보면 사회적 약자"라며 "진짜 부자라면 자기 기사 거느리고 술 마신다. 대리 기사를 부르는 손님 대부분은 자기 몸 챙기지 못한 채 원치 않는 회식이란 중노동에 시달리는 사람들"이라고 했다.

대리운전 기사는 남들이 다 퇴근을 준비하는 오후 5시쯤 일어나 저녁 6시쯤 집을 나선다. 첫인상도 중요하기에 대부분 정장 차림을 한다. 그래야 취객들도 함부로 대하지 않아서다.

출근하는 장소는 강남 교보생명 빌딩 인근이다. 아침 같은 저녁을 먹고 나면 저녁 8시쯤 첫 콜이 뜬다. 강남에서 이른 취객 손님 차를 운전해 경기도 일산까지 가면 한 번에 3만~3만 5,000원을 번다. 이 가운데 40퍼센트쯤 되는 1만 5,000원은 콜 중계업체가 각종 명목을 붙여 가져가고 수중엔 2만 원 남짓 남는다. 이렇게 새벽 2시까지 강남역을 근거지로 손님을 실어 나르면서 하루에 서너 번 운행한다. 손님 집에서 되돌아오는 길은 업체가 광역권을 운행하는 셔틀버스를 탄다.

대리 기사 가운데 한 달에 300만 원 이상 벌려면 낮술 먹은 손님들이 초저녁에 콜을 부르는 유원지나 골프장에서 첫 콜을 타야 한다. 이런 기사들은 돈은 좀 벌지만 하루 수면 시간을 4시간 정도로 줄여야 한다. 세계보건기구(WHO)가 '2급 발암물질'로 규정한 야간 노동을 극대화시키면 한 달 500만 원 수입도 가능하다. 대신 자기 생명을 갉아먹는 일이다.

이 씨는 부산에서 국립대학을 나와 졸업과 동시에 광고기획사에 취직해 스포츠 마케팅 분야에서 제법 큰돈을 만졌다. 2010년 천안함 사고 이후 외국 유명 스포츠 선수단을 국내로 불러들이는 일이 어려워지면서 2012년부터 대리 기사 일로 뛰어들었다.

이 씨는 20여 명의 동료들과 대리운전협동조합을 만들어 대리운전 기사들의 처우 개선에 나섰다. 그는 "이 일은 진입 장벽이 없어 들어오긴 쉽지만 절대 10~20년씩 오래할 수 없기에 전직의 길을 열어줘야 한다"고 했다. 화물차 기사를 하려면 수천만 원대 중고차라도 사야 하지만, 대리운전 기사는 몸뚱이 하나만 있어도 시장 진입이 가능하다. 사업에 실패한 40~50대 가장들이 대리운전 시장에 주를 이룬다. 이들 중엔 낮 시간에 부모 병 수발을 들면서 밤에 일하는 사람들도 많다.

대리운전 시장은 정확한 통계도 가늠하기 어렵다. 국토부는 2013년 5월 전국에 콜 중계업체가 3,700~8,000개가 있고 기사들은 약 8만 명이 있는 것으로 추산했다. 자동차보험 업계도 이와 비슷한 9만 명으로 추산한다. 그러나 이 씨 같은 기사들은 전국에 약 20만 명, 수도권에만 12만 명가량이 있다고 했다.

콜 중개업체의 횡포는 어제오늘 일이 아니다. 대리운전비에서 콜 프로그램 사용료로 월 1만 5,000원을 떼고, 보험료로 월 9~15만 원을 뗀다. 여기에 건당 수수료로 20~37.5퍼센트까지 떼간다. 보험료는 얼마 전까지 월 4~5만 원 했는데 최근 급격히 늘었다. 콜 중개업체 뒤엔 20여 개의 콜 프로그램 공급 회사가 도사리고 있다.

이런 복마전의 대리운전 시장이 다음카카오의 시장 진출로 술

렁이고 있다. 콜 중개업체나 프로그램 공급 회사는 다음카카오의 시장 진입을 결사반대하고 나섰다. 반면 대리 기사들은 악덕 업체들 때문에 오히려 반기는 분위기다. 한국대리운전협동조합과 서비스연맹 산하 대리운전노조* 등 기사 단체들은 그동안 대리운전 업체가 "골목깡패나 다름없었다"며 "카카오의 대리운전업 진출을 지지한다"고 밝혔다. 다음카카오는 대리 기사들에게 수수료를 대폭 낮추고, 보험료도 기사들이 직접 가입하도록 해 중간 이득을 없앴다.

한편에선 카카오가 대리운전 시장을 시작으로 퀵서비스, 배달, 택시, 가사도우미 등 O2O(온라인 투 오프라인) 개인서비스업 전 부문을 석권할 경우 시장 독점에 따른 폐해도 우려한다. 정부는 연 3조 원의 대리운전 시장을 놓고 벌어지는 혈투 앞에 손을 놓고 있다. 수십만 명에 달하는 대리운전 기사들의 노동조건을 조금이라도 개선해보려는 작은 시도라도 있어야 한다. 이를 위해서는 대리기사 노동조합이 인정되어야 한다.**

이정호_미디어오늘 편집국장

---

* 전국의 대리운전 기사들은 근로계약을 맺지 않았다는 이유로 노동자로서 법적 권리를 보장받지 못하고 있다. 그런데 대리운전 기사들은 중개업체의 업무 규정과 지시에 따라 일을 한다. 콜 받은 시간 10분 이내에 고객을 만나야 하는 규정을 어기면 불이익을 받고, 콜을 거부하면 범칙금을 내는 경우도 있다. 브랜드를 관리하고 수익을 높이기 위해서 중개업체들은 기사들을 종속 관계로 두고 있는 것이다. 그러나 법적으로 노동자로서 권리를 인정받지 못하니, 노동조합도 대부분 법외 노조이다. 조합원들은 이른바 '블랙리스트'에 올라 취업에 어려움을 겪기도 한다. 그러나 노동자들은 노동조합을 만들어서 권리를 찾기 위한 노력을 지속하고 있다.

** 문재인 정부가 들어선 이후 고용노동부 장관은 인권위원회의 권고를 받아들여 특수고용 노동자들의 노동조합을 인정하겠다고 약속한 바 있다. 하지만 고용노동부는 2017년 11월 초 대구 지역 대리운전직 노조의 설립신고증을 전국 단위로 변경하는 설립신고 사항을 불허했다.

모든 노동에 바칩니다

모든 노동자에게 노동법을 적용해야 한다

권리를 찾고자 하는 이들 모두가 노동자들이다.
특수고용 노동자, 문화예술 노동자, 가사 노동자, 실업자와 구직자,
해고자 모두 노동자로서 자주적으로 단결하고 투쟁할 권리가 있다.

- 비정규직 없는 세상을 위한 사회헌장 제5조

우리 사회는 노동을 천시하고 노동자를 천대한다. 빼앗긴 권리를 되찾고자 투쟁하는 노동자들을 적대시하기도 한다. 그런데도 노동자라는 제 이름으로 불리기를 간절히 바라는 이들도 있다. 특수고용 노동자들이 그러하다. 아비를 아비라 부르지 못하고 형을 형이라 부르지 못하는 홍길동과도 같은 설움을 쏟아내지만, 정부와 기업은 끄떡도 않고 끊임없이 이 시대의 홍길동들을 만들어내고 있다. 그래서 이들은 싸운다. 일하는 모든 이들은 노동자로 인정받아야 하고, 당연히 노동법을 적용받아야 함을 알려내기 위해서다.

정부와 기업은 왜 노동자성을 박탈하려 하는가

노동자란 고용 관계에 있든 있지 않든 고용 형태가 어떠하든 상관없이 자신의 노동으로 생활을 유지하고, 노동을 통해 이 세상을 만들어가고 움직여가는 모든 이들을 의미한다. 그러니 노동자는 이 사회의 주인임이 분명하다. 그렇기에 노동자는 이 사회에서 억압받지 않고 자유롭게 노동할 권리를 가져야 하고, 안정적으로 살아가며 행

복을 추구할 권리 또한 마땅히 가져야 한다.

하지만 현실에서 노동자의 권리가 제대로 보장받기란 말처럼 그리 쉬운 일이 아니다. 정부와 기업은 언제나 자신들의 이윤을 위해 노동자에게 권리를 주지 않으려고 애써왔다. 노동자를 보호하고 노동자의 권리를 위해 싸울 수 있도록 노동법과 노동조합을 허용했지만, 이는 그저 노동자들의 격렬한 투쟁에 밀려 제한적으로 인정했을 따름이다. 실상은 마지못해 받아들인 것일 뿐, 정부와 기업은 호시탐탐 노동자의 권리를 무력화하고자 했다.

지금 이 시기 신자유주의 시대에 정부와 기업이 노동자의 권리를 무력화하기 위해 세운 전략은 바로 비정규직이라는 고용 형태를 만든 것이다. 노동자들을 위계화하고 분할하여 단결하지 못하게 하면 정부와 기업에 맞설 수 있는 집단적인 힘 또한 없을 테니 말이다. 또한 교묘하게 고용 관계를 은폐하고 노동자의 범위를 축소해 노동자임에도 노동자로 인정받지 못하는, 그래서 노동자가 가져야 할 권리는 아예 갖지 못하는, 비정규직 중에서도 가장 무권리 상태의 노동자들을 만들어내는 것이다. 이 전략 때문에 수많은 노동자가 노동자성을 박탈당해서 노동법이 있어도 노동조합이 있어도 보호받지 못하는 지경에 이르렀다.

노동법의 사각지대는 넓고도 넓다

기업은 노동자를 고용해 이윤을 만드는 만큼 그에 대한 노동법상의 책임과 의무를 다해야 한다. 그런데 노동자를 더 착취해 더 큰 이윤을 얻고 싶어서, 고용은 했지만 노동법상의 책임과 의무는 지고 싶지 않아서 노동자를 노동자가 아닌 존재(개인사업자와 같은)로 만들어

모든 노동에 바칩니다

버렸다. 대표적으로 특수고용 노동자로 불리는 학습지 교사, 골프장 경기보조원, 보험설계사, 대리운전 기사 들이다. 이들처럼 노동자성을 부정당한 노동자들은 노동법의 보호를 받을 수가 없다.

특수고용 노동자들만이 아니다. 정부가 임의로 근로기준법 적용에서 제외하는 노동자들이 있다. 2011년 6월, 제100차 국제노동기구 총회에서 '가사 노동자를 위한 괜찮은 일자리 협약'이 채택되었으나, 정부는 여전히 개인의 사생활 보호와 관리 감독의 어려움 등을 내세워 가사 노동자에게 근로기준법 적용을 허용하지 않고 있다.* 이뿐이 아니다. 노동자의 범위가 넓어질까 두려워 문화예술 노동자들의 노동자성도 인정하지 않는다. 2012년 문화예술 노동자들의 생존 기반을 마련하기 위해 제정된 예술인복지법은 그 취지를 살리지 못한 채 고용보험 등을 포함한 실효적 복지는 모두 빠지고, 산재보험 적용과 복지재단 설립만을 내용으로 축소되어 시행되었다. 법 제정 과정에서 고용노동부가 문화예술 노동자들의 노동자성을 인정하기 힘들다며 제동을 걸었기 때문이다.

또한 실업자와 구직자, 해고자를 조합원으로 받아들이는 노동조합은 노동조합으로 인정하지 않으려고 한다. 2011년 고용노동부는 실업자와 구직자가 포함되어 있다는 이유로 청년유니온의 노조설립신고서를 반려했다. 2013년에는 해직 교사가 조합원으로 포함되어 있다는 이유로 전교조가 법외 노조에 해당한다고 통보했

---

* 2017년 정부는 '가사 근로자 고용 개선 등에 관한 법률 제정안'을 심의 의결했다. 하지만 2018년 1월 국회를 통과하지 못했으며, 국회를 통과하게 되더라도 유예 기간을 거쳐야 한다. 이 법안이 통과되면 가사 노동자는 노동관계법의 적용을 받을 수 있게 된다.

다.[*] 법외 노조는 노동조합이라는 명칭을 공식적으로 쓰지 못하고, 노동조합으로서 법적 권리도 보장받지 못한다. 이처럼 정부는 헌법에도 버젓이 나와 있는 노동3권을 갖은 이유를 들어 보장하지 않으려 한다. 노동자성을 강제로 박탈당해서든, 실업자든, 구직자든, 해고자든 상관없이 노동자라면 누구나 노동조합을 만들고 투쟁할 권리가 있는데도 말이다.

일하는 모든 이들에게 노동법은 적용되어야 한다

지금의 노동법은 안정적으로 고용되어 종속적인 노동을 하는 임금노동자들을 전제로 설계된 것이라서 현재 노동자들의 상태와 걸맞지 않다. 그런데도 여전히 법률상의 노동자 범위를 협소하게 적용하고 있어 많은 노동자들이 노동법의 적용을 받지 못하고 있는 형편이다. 그래서 특수고용 노동자들을 비롯한 많은 이들이 근로기준법과 노조법상의 근로자 정의를 확대해 노동법의 보호를 받지 못하는 노동자들이 생겨나지 않도록 법을 개정하도록 요구하고 있다.[**]

---

[*] 문재인 정부는 2018년 1월 초, 국제노동기구의 핵심 협약을 비준하겠다는 의사를 밝혔는데, 이 핵심 협약에는 결사의 자유가 포함되어 있는바, 이 협약을 비준하면 국내법도 그에 따라 개정해야 한다. 이 경우 현재 법외 노조인 전국교직원노동조합과 전국공무원노조의 합법화에 속도가 붙을 것이다. 그러나 정부가 계속 협약의 비준을 늦추면서, 공무원노조는 2018년 3월 해고자를 조합원에서 제외한 후에 법내 노조로 인정받았다.

[**] '근로기준법'에서는 근로자를 "직업의 종류와 관계없이 임금을 목적으로 사업이나 사업장에 근로를 제공하는 자를 말한다"(제2조)고 정의한다. '노동조합 및 노동관계 조정법'에서는 근로자를 "직업의 종류를 불문하고 임금·급료 기타 이에 준하는 수입에 의하여 생활하는 자를 말한다"(제2조)고 정의한다. 그래서 노동계에서는 노조법 2조를 개정해 노동자의 개념을 확대해서 특수고용 노동자의 노동 기본권을 보장하자고 요구하고 있다(민주노총은 '노동조합 및 노동관계 조정법'이 적용되는 '근로자' 정의 조항에 "자신이 아닌 다른 자의 업무를 위하여 노무를 제공하고 해당 사업주 또는 노무 수령자로부터 대가를 받아 생활하는 자" "실업 상

그러나 정부는 일하는 모든 이들을 노동자로 인정하여 노동법을 적용하는 대신, 업종과 직군을 구별하고 분리해서 특별법이라는 형태로 보호하겠다고만 한다. 특수고용 노동자 일부에만 산재법을 적용해준다거나, 문화예술 노동자에게 예술인복지법을 제정해준다거나 하는 식으로 말이다. 여기에는 어김없이 '너희는 노동자가 아니야'라는 전제가 깔려 있다. 그렇기에 우리는 정부와 기업의 비근로자화 의도를 정확히 읽어내야만 한다. 정부와 기업이 노동자들의 요구를 일부 들어주었다고 해도 기본 입장이 바뀐 것인지는 알 수 없기 때문이다. 따라서 제한적인 권리가 아니라 모든 노동자들이 차별받지 않고 노동법의 보호를 받을 수 있도록 요구해야 한다.

노동자라는 이름과 노동자의 권리는 누가 거저 안겨주는 것이 아니다. 스스로 단결하고 싸워나갈 때만 가질 수 있다. 지금까지 특수고용 노동자, 가사 노동자, 문화예술 노동자, 실업자와 구직자, 해고자 들이 바로 그렇게 해왔다. 그래서 권리도 조금씩 진전되어왔다. 누가 뭐래도 노동자라는 이름을 지키고 노동자의 권리를 확대하기 위해선 한데 뭉쳐 싸우는 방법밖에 없다. 노동과 노동자에 대한 편견이 아무리 깊은들, 노동자들이 단결하고 투쟁한다면 일하는 모든 이들이 제 권리를 지키며 살아갈 수 있을 것이다.

안명희_전국불안정노동철폐연대 비상임집행위원

태에 있거나 구직 중인 자" "기타 노무를 제공하는 자로서 이 법에 따른 보호의 필요성이 있는 자 중 대통령령이 정하는 자" 등을 포함하도록 요구하고 있다).

내 나이 이제 겨우 오십인데……

마흔아홉 아줌마, 잘 지내고 있지? 새해가 되었으니 우리도 벌써 오십이구나. 나는 뭐 그럭저럭 백수 생활 3개월 차에 익숙해지고 있는 중이지. 애들 가르치는 건 이제 안 하냐고? 알다시피 생계형 사교육 강사로 먹고산 게 15년. 기껏해야 굶지 않고 살 수 있을 정도였지만 적성에도 맞고 때로는 보람도 있었지. 그런데 이 직종도 치열한 경쟁이 존재하는 곳인지라 나처럼 아무런 광고와 서비스도 없이 집 한 귀퉁이에서 그저 애들 몇 명 가르치는 형태로는 결국 도태될 수밖에 없게 된 거지. 어쨌든 지난 수능 즈음해서 고3들이 졸업했어. 녀석들은 원하는 학교엘 갔는데 나는 백수 신세야. 별수 있나? 학원 쪽 일자리를 찾아봤지. 급여를 좀 낮추면 되겠지 했는데 웬걸 국어 강사 자리는 아예 나오지를 않더라고. 놀라긴 했어. 몇 년 전 학원 풍경이 아닌 거야. 어쩌다 보이는 구인광고도 대부분 40대 이상은 아예 대상에서 제외되고 급여도 월급이 아닌 시급이더라고. 상담관리 쪽으로도 이력서를 내봤는데 그것도 탈락. 노련한 경력자보다는 부리기 좋은 젊은이들이 넘치는데 원장보다 나이 많은 사람을 쓰기는 꺼려지겠지.

그때부터 알바 순례(?)가 시작된 거야. 마침 알바를 찾기 시작한 지 얼마 안 돼서 오라는 곳이 생겼네. 처음에는 정확하게 어떤 일인지도 모르고 그저 9시 출근 6시 퇴근에 일당 5만 원, 걸어서 30분 걸리는 곳이라는 것만 보고 지원을 했지. 13명, 20대부터 50대까지 대부분이 여성들이었어. 2인 1조가 되어 도서실 5단 책장에 있는 책을 꺼내서 태그를 붙이고 바코드 입력을 해서 다시 책장에 꽂는 일이었지. 그곳이 주로 법전이 많은 곳인지라 책 1권 무게가 장난이 아니었지만 그래도 일은 할 만했어. 책에 쌓인 먼지는 무지 많았지만, 작업장이 양호했고(소위 이 사회 높은 신분의 사람들이 드나드는 도서관이었으니까), 관리자가 꽤 매너가 좋은 사람이었고, 매시간 50분 일하고 꼬박꼬박 10분을 쉬었어. 점심 시간 1시간은 당연한 거고(이후 이런 환경을 더는 만날 수 없었지). 그렇더라도 일의 성격상 계속 서서 같은 동작을 반복하다보니 밤에 돌아와서는 근육통 때문에 3~4일은 끙끙 앓게 되더라고. 일주일 지나니 겨우 일이 몸에 붙고 여기저기 안 쓰던 근육들을 쓰니 기분도 상쾌해졌어. 지금껏 안 해본 일을 한다는 신선함과 잠깐 하고 말 일이라는 다소는 가벼운 마음이어서 더 그랬을 거야. 마지막 이틀 지하 서고에서 일하는 건 좀 끔찍했지. 그렇게 3주에 걸쳐 12일을 일하고 일당 5만 원과 식대 5,000원을 합한 66만 원을 받았어(세금 공제를 안 했는데 난 모든 알바는 당연히 그런 줄 알았다는……). 지금까지 내가 일한 것 중에 가장 힘들게 해서 번 돈이라 이건 꼭 나를 위해 써야지 그런 생각을 했거든. 이때까지만 해도 이런 조건과 환경이 흔치 않다는 걸 몰랐던 거야. 처음 만난 일자리가 가장 양호한 환경이었던 거지.

이후로 날이면 날마다 일자리 앱을 들여다봤지만, 우선 대부분의 일들은 나이에서 막혔어. 단순 사무직은 물론이고 상담, 판매, 식당 서빙조차도 내 나이는 안 받겠대. 막 화가 나더라고. 일단 얼굴을 보고 일을 시켜보고 나서 판단하라고 따지고 싶은 거야. 그래도 내가 나이보다 어려 보인다는 말을 많이 들었고, 그 정도 일은 누구보다 잘해낼 수 있을 것 같은데 이력서도 못 내밀어보다니 분한 마음이 들더라고. 형식적으로는 나이 제한이 없지만 막상 이력서를 내보면 다 걸러지는 일도 부지기수. 내 나이에 지원할 수 있는 일자리는 손가락으로 꼽을 정도야. 텔레마케팅, 식당 주방, 대형마트 판매, 청소, 물류 쪽 포장과 분류.

이력서를 보낸 곳은 100곳도 넘을 거고 그중에 연락이 와서 면접을 본 곳은 빵집 판매, 은행 실내 청소, 단체급식 주방 보조, 병원 내시경실 보조였는데 모두 떨어졌어. 최저시급 일자리에 점심 시간도 잘 안 지켜지는 곳들인데 그마저도 경력자들을 원하더라고. 떨어진 이유? 모르지. 다만 그 일들이 육체적 노동 강도가 센 일이라서 딱 보아하니 나 같은 비리비리한 체구로는 가당찮다 여긴 게 아닐까 싶어.

뷔페 주방에서 잠깐 일을 해보긴 했어. 자신이 없어서 우선 4시간 근무부터 시작했는데 어찌나 바쁜지 퇴근할 때까지 물 한 모금, 화장실 한 번을 못 가고 일을 하게 되더라고. 퇴근하고 와서는 마치 10시간쯤 일한 것처럼 온몸이 통통 붓고 손가락 하나 꼼짝을 못하겠더라고. 결국 사흘 일하고 그만둬버렸는데 일이 힘든 것도 힘든 거지만 그보다는 부당한 시스템과 기껏해야 30대 초반이나 되었음직한 매니저들의 함부로 대하는 태도를 견디기가 힘들어서였어. 한편으로 생각하면 지금껏 내 삶이 학생들 가르치고 누군가에게 조언을 하는 위치였지, 누군가 그것도 어린 사람이 함부로 대하면서 지시하는 것을 겪어본 일이 없었으니 더 그랬을 거야.

백화점 판매 일은 8시간을 꼼짝없이 서 있어야 하는데 그것 자체를 버틸 체력이 안 되어서 하루 일하고 그만뒀어. 손님도 없는데 왜 서 있느냐 사지를 배배 틀며 견뎌야 하는지 정말 이상하지 않아? 화장은 필수고 고객님 어쩌고 하는 응대도 다 연습해서 그대로 해야 해. 과잉 서비스에 감정노동, 모르고 갔던 것은 아닌데 저녁이 되니까 힘들어서 어지럽고 구역질까지 나더라고. 옷 장사 하는 사람들의 억척을 당해낼 수도 없고 오히려 사람 뽑느라 공들인 자기들 손해라고 얼굴 붉히는 바람에 내 체력을 제대로 판단 못한 내 탓이다 싶어 일당도 못 받고 그냥 나왔지만, 교육받느라 하루, 일하느라 하루, 면접 본다고 오간 시간들이 다 헛짓이 된 거지.

그 밖에 몇 가지 더 있기는 한데 말하다보니 지친다. 알바 구하러 전전하면서 내가 이렇게도 능력이 없는 사람이었나 좌절을 맛봤지. 나름 전문성과 경력을 지닌 사람이라 여겼는데, 이 땅에서는 그게 별 소용이 없는 일인 것 같더라고. 최저시급으로 살 수 있을까도 의문인데 그마저도 아들딸 나이의 20대와 다투어야 하는 사회. 100세 시대라는 말이 참 잔인하게 느껴지더라. 우리 나이 이제 겨우 오십인데 말야.

신혜진_일자리를 구하는 '아줌마'

공적인 고용서비스를 받을 권리가 있다

일자리를 구하고자 할 때 공적인 고용서비스를 받을 권리가 있다.
민간 파견업체에 돈을 내지 않고 일자리를 구할 수 있도록
고용안정센터 등 공적인 고용서비스를 확충해야 한다.

- 비정규직 없는 세상을 위한 사회헌장 제14조

헌법은 제32조 1항에서 "모든 국민은 근로의 권리를 가진다", 2항에서 "모든 국민은 근로의 의무를 진다"고 명시하고 있다. 제32조 1항에서는 "국민의 근로"를 위해 "국가는 사회적·경제적 방법으로 근로자의 고용의 증진과 적정 임금의 보장에 노력하여야 하며"라고도 덧붙이고 있다. 헌법이 '근로'라고 칭하는 우리의 노동·고용·직업과 관련한 삶의 영역이, 개인의 노력으로만 해결해야 하는 문제가 아님을 뜻하는 것이다. 군이 헌법을 들춰보지 않더라도 사회 구성원들이 벌이는 기초 경제 활동의 결과를 조세 수입으로 거둬들여 재정 활동을 하는 정부, 즉 국가에는 고용에 대한 의무와 책임이 있다. 이는 기본적으로 일자리 문제 해결을 위한 정부의 고용노동 정책 수립과 행정을 통해 구현되어야 하며, 구체적으로는 고용정보 제공, 직업 소개와 직업훈련, 고용보험과 실업급여 등 공공 고용서비스를 통해 실현된다. 고용노동부 산하의 고용지원센터와 워크넷, 지방자치단체의 취업정보센터 등이 대표적인 공공 고용서비스 기관으로 창구 역할을 하도록 되어 있다.

취업의 통로로 인식되지 못하는 고용지원센터와 워크넷

주변을 둘러보면 공공 고용서비스가 무엇인지도 잘 모르는 경우가 많다. 전국 곳곳에 고용지원센터가 있고 지자체와 행정부처 들이 쏟아내는 각종 일자리 사업과 홍보는 넘쳐나지만, 정작 일자리를 구하거나 취업 정보가 필요한 노동자들에게는 멀게만 느껴지는 게 현실이다.

2010년 고용노동부와 한국고용정보원의 '취업(채용) 경로별 이용 특성 분석을 통한 공공 고용서비스의 발전 방안' 연구 결과에 따르면, 고용센터와 워크넷 등 공공 직업 알선 기관 이용률이 고령 구직자는 21.2퍼센트였지만 청년 구직자는 1.4퍼센트 수준이었고, 이용 경험자의 만족도 역시 매우 낮은 것으로 나타났다. 2014년 안산시비정규직노동자지원센터와 한국비정규노동센터가 조사해 발표한 '안산·시흥 스마트허브 중소기업 구인·구직 실태조사 보고서'에서도 대다수의 비정규 노동자들은 실질적인 도움이 되지 않는 공공 고용서비스보다는 자력 구제나 지인을 통한 소개를 선호하고, 이조차도 어려울 경우 민간 직업소개소나 파견업체를 이용해 일자리를 구하고 있는 것으로 드러났다.

이는 워크넷이 고용노동부 인증을 거친 양질의 고용서비스 정보 제공이라는 공공적 기능을 포기하고, 각종 파견업체와 직업소개업체의 구인 정보까지 무분별하게 게시하는 온라인 취업포털서비스로 변질됐기 때문이다. 수익률만을 목표로 불법적인 구인 정보까지 포함하고 있는 민간업체들에 대한 관리·감독이나 단속은커녕, 오히려 이를 여과 없이 워크넷에 게재하는 현실은 공공 고용서비스의 질 악화는 물론 정책의 존재 이유를 되묻게 한다.

그리하여 공공 고용서비스의 빈자리를 채우는 것은 거리에서 만나는 '벼룩시장' 등의 무가지와 온라인 기반의 각종 알바 사이트 그리고 노동자 각자의 연줄로 채워진 지인의 소개다. 이마저도 여의치 않은 경우 노동자들은 적잖은 수수료 지불을 감수하고 직접 민간 직업소개소나 파견업체를 찾는다. 공단 지역마다 난립해 있는 파견업체와 인기 연예인을 광고모델로 TV 광고를 내보내는 알바 사이트는 불안정 노동자의 구직 과정이 누군가에겐 안정적인 돈벌이 수단이 되는 현실을 보여준다.

2005년 4월 정부는 '인력 수급 불일치 해소, 노동시장 양극화 완화, 일을 통한 삶의 질 향상' 등을 내걸고, 현행 공공 고용서비스의 밑바탕이 된 '고용지원서비스 선진화 방안'을 발표했다. 그러나 정부가 말하는 '선진화'는 고용서비스의 공공성 강화가 아닌 민간 고용서비스의 확대였고, 이러한 방향은 업종 제한에 묶인 파견업체의 불법파견을 조장하고 손쉬운 이윤 창출의 수단으로 인식된 인력 중개업이 난립하는 결과를 낳았다.

실제 고용지원센터 인력의 대부분은 고용보험과 행정 업무 처리에 집중되어 있고 취업서비스 등 본연의 업무 담당자는 극소수이며 공익근무요원의 업무로 할당된 경우도 적지 않다. 실업과 고용 문제에 대한 해결 의지가 없는 정부의 정책 방향은 민간 노동력 시장 활성화의 자양분이 되고, 이는 정부의 노동유연화 의도와 맞아떨어져 노동자들을 더욱 불안정한 삶으로 내모는 악순환을 심화시키고 있다. 노동자들에게 멀기만 한 공공 고용서비스 실태는 사실상 정부의 의지가 반영된 결과다.

모든 노동에 바칩니다

기업 배불리기에 사용되는 직업훈련 지원금

박근혜 정부는 출범과 함께 '학벌이 아닌 능력 중심 사회 만들기'와 '고용률 70퍼센트 달성'을 국정 과제로 내걸었다. 이러한 목표 달성을 위해 정부 전 부처는 2013년 기준으로 130여 개의 직업능력개발 사업을 진행하며 1조 7,000억 원의 예산을 투입했고, 고용노동부의 경우 고용보험기금에서 약 1조 3,000억 원을 투입한 것으로 확인됐다. 그러나 거액의 예산 투입이 실제 고용 창출에 얼마나 기여했는지, 노동자 지원에 얼마나 효과적이었는지에 대한 결과를 찾아보기는 힘들다.

2015년 더불어민주당 한정애 의원실이 고용노동부로부터 제출받은 '연도별 사업주 직업훈련 지원금 현황'을 공개했다. 자료를 통해 2012년부터 2015년 6월까지 전체 지원금 1조 1,231억 원 가운데 54.3퍼센트인 6,098억 원이 300인 이상 대기업에 돌아간 사실이 밝혀졌다. 그중에서도 80퍼센트가량인 4,787억 원을 1,000인 이상 대기업이 가져갔고 삼성전자가 146억 원으로 1위, 그 뒤를 LG전자(85억 원), 대한항공(65억 원), 현대중공업(52억 원) 등으로 재벌 대기업이 잇고 있다. 사업주 직업훈련 지원금은 사업주가 고용노동부 장관의 승인을 받아 직원을 대상으로 직업능력개발훈련을 할 때 고용보험기금으로 지원하는 비용이다. 조사 주체에 따라 조금씩 다른 결과가 나타나지만 한국 대기업의 고용 비중이 크게 잡아도 20퍼센트 안팎에 불과하다는 점을 감안하면, 결과적으로 노동자와 중소기업이 납부하는 고용보험기금이 재벌과 대기업 지원에 쓰인 것과 마찬가지다.

평생직장의 개념이 급속히 사라지고 연령대를 막론한 높은 실업률이 지속되고 있으며, 산업 구조조정의 이름으로 대량 실업이 발생하고 있다. 일부 특성화고등학교를 제외하면 12년의 의무교육 기간 중 직업훈련과 관련된 공교육이 전무한 현실에서 직업훈련은 중요한 공공 고용서비스다. 그러나 실업자 지원 일부를 제외하면 공공 고용서비스를 통한 직업훈련은 고용보험 피보험자만을 자격 대상으로 하고 있다. 고등학교를 졸업한 구직·실업자나 학자금 대출에 시달리는 대학 졸업자의 경우 공공 고용서비스를 통한 직업훈련을 받을 수 있는 기회조차 마련하기 힘들다.

그럼에도 고용노동부는 공공 고용서비스의 사각지대 해소와 실질적인 보장 범위 확대를 위한 노력보다는, 최소한의 사회안전망이자 절대적으로 부족한 실업급여에 대한 부정수급 적발에 더 열을 올리고 있다.

공공성 강화로 공공 고용서비스의 제 역할 찾아야

'선진화' 방안으로 포장된 정부의 정책 기조는 공공 부문의 역할과 책임 강화가 아닌 민간시장 활성화를 통한 고용서비스 제고에 집중되었고, 현재의 불안정한 고용시장과 부실한 공공 고용서비스를 만드는 원인이 되었다. 민간 고용서비스와 파견 확대를 통해 기업 배불리기와 고용 불안정은 갈수록 심화되었다.

'국민의 고용'에 대한 책임이 있는 정부가 추진해야 할 것은 불안정한 노동시장에서 실업과 반실업을 오가는 수많은 노동자들을 위한 고용서비스의 공공성을 강화하는 것이고, 최소한의 노동조건마저 무너뜨리는 불법적인 기업 행태 및 시장 관행을 바로잡는 일이다. 구체적으로는 실업자에 대한 직업훈련을 확대하고 충분한

모든 노동에 바칩니다

상담을 진행할 수 있어야 하며, 중개업체들에 넘긴 일자리 알선 기능을 회수해 정부가 안정적인 일자리를 연결해줄 수 있어야 한다. 부족한 공공 고용서비스의 제대로 된 혁신은, 복잡한 체계와 화려한 수식어로 포장된 말잔치가 아니라 노동과 삶에 대한 최소한의 안정성을 담보할 수 있는 방향이 되어야 한다.

신순영_전국불안정노동철폐연대 상임집행위원

마이너스 급여명세서

저는 케이블방송 티브로드의 협력업체에서 일을 하는 노동자입니다. 쉽게 이야기하자면 방송, 인터넷, 전화 등을 설치, A/S, 철거 작업을 하는 일을 하고 있습니다. 흔히 한 가지라도 전문 기술을 가지고 있으면 먹고사는 데 지장이 없다고들 말씀하시지만, 저희와 같은 협력업체 비정규 노동자들의 삶은 그리 만만치가 않네요. 왜 그런지 몇 가지 사례들로 설명해드리겠습니다.

사례 1

케이블방송 작업 할당 중에 관외 이전(타 지역으로 이사) 작업이 들어왔다. 3시로 약속을 했기 때문에 다른 작업들을 처리하고 3시쯤 고객 댁으로 방문을 했다. 앗! 그런데 고객은 이미 이사를 가고 없었다. 어쩔 수 없이 고객에게 전화를 걸어 사무실 주소를 알려주고 셋톱박스와 모뎀을 택배로 보내줄 것을 안내했다.

일을 하다보면 한 가입자만 생각할 수 없다. 그렇기 때문에 그 가입자는 까맣게 잊고 있었는데, 월급날 급여에서 '장비 분실(변상) 금'이라는 항목으로 17만 원이 차감되어 지급되었다. 무슨 일인가

해서 총무 업무를 하는 직원에게 차감 내역이 뭐냐고 물어보았다. 헉! 지난달 관외로 이사를 한 고객이 셋톱박스와 모뎀을 협력업체 사무실로 보내주지 않은 것이었다. 눈뜨고 코 베인 격이다.

하지만 이것으로 끝이 아니다. 짧게는 1년, 길게는 3년 이상 사용하던 장비(셋톱박스, 모뎀, 무선전화기)를 고객이 미반납 혹은 분실하거나 파손된 경우에도 장비 분실금이라고 위약금을 청구하는 것이다. 또 한편으로 장비 분실금을 납부하지 않은 고객들의 명단을 채권추심업체(솔로몬)로 넘겨 장비 분실금을 받아낸다. 티브로드 원청은 이렇게 고객과 노동자에게 이중으로 장비 분실금을 받았던 것이다.

사례 2

결합상품(인터넷, 방송, 인터넷 전화) 설치 요구가 들어왔다. 설치를 하게 되면 본사에서 나오는 설치비의 70퍼센트를 받게 된다. 물론 30퍼센트는 회사가 가져간다. 그런데 여기에 또 다른 맹점이 있다. 이번 달 설치비에 대해서 다음 달 지급을 받는데 정산에서 결합상품 설치비가 빠져 계산된 것이다.

이유는 이러하다. 결합상품을 설치받은 가입자가 며칠 후 변심해서 해약을 한 것이다. 분명 설치를 했으면 설치비를 받는 것이 당연한데, 가입자가 해약을 했다는 이유로 설치비를 안 준다는 것이다.

자차로 기름값을 내고, 시간 써가며 힘들게 설치했다. 이렇게 기사에게 아무런 과실이 없는데도 원청과 협력업체는 정당히 지급해야 할 설치비를 떼먹는 것이다.

사례 3

고객에게 전화가 왔다. "결합상품을 신청하고 싶은데 설치할 수 있을까요?" 물론 설치 가능하다고 안내하고 바로 달려간다. 신규 결합상품 영업을 하고 설치를 하게 되면 설치비만이 아니라 최고 17만 원 정도의 영업비를 받을 수 있으니 열 일 제쳐두고 달려가 설치를 해드렸다.

그로부터 5개월 후 영업비 차감으로 20만 4,000원이 빠져서 월급이 나왔다. 5개월 전 신규 결합상품 가입자가 타 통신으로 옮겨가면서 나에게 신청한 상품을 해약한 것이다. 영업비 17만 원이 차감되는 것도 억울한데 20만 4,000원이라니, 그것도 5개월 전 일로…….

회사에서 영업비를 줄 때는 전체의 80퍼센트만 지급한다. 그래서 그 80퍼센트에 해당하는 17만 원을 받았는데, 환수할 때는 100퍼센트를 적용해 가져가는 바람에 20만 4,000원이 된 것이다.

사례 4

회사 일 하면서 회사 차를 운행하면 당연히 회사에서 주유비, 주차비, 통신비를 제공해야 할 것이다. 회사에서 지정한 주유소에서 주유를 하게 되면 누가 얼마만큼의 주유를 했는지 알 수 있다. 그런데 회사에서 정한 주유비 20만 원을 초과해 29만 원을 주유하게 되면 주유비 초과라는 명목으로 임금에서 9만 원을 차감한다.

통신비 또한 마찬가지이다. 회사의 PDA를 사용해 업무를 진행하는데 통신비 상한선을 7만 원으로 정해놓았다. 이 금액이 넘으면 임금에서 초과분을 차감하고 지급한다. 회사 일을 하면서 내 돈으로 기름 넣고 통신비 내고 일을 해야 하는 현실이 지금도 이 업계에서는 비일비재하게 일어나고 있다.

많은 분들이 이런 사례를 보면서 어처구니없다고 생각할 것입니다. 어떻게 저런 대우를 받으면서 참으며, 당하며, 말없이 살아올 수 있었냐고. 힘없는 협력업체 노동자들은 그렇게 살아왔습니다. 하지만 이 많은 부조리한 일들을 없애고 인간답게 살아보자고, 저녁이 있는 삶을 살아보자고 티브로드 협력업체 노동자들은 노동조합을 건설하게 되었습니다. 그렇게 케이블방송 비정규직 티브로드지부는 뭉쳤고 투쟁을 했습니다. 그래서 노조가 있는 협력업체에서는 이런 나쁜 관행과 제도를 없애거나 고칠 수 있었습니다. 말도 안 되는 상황은 노조로 뭉쳐 투쟁해 바꿀 수밖에 없다는 것을 깨달았습니다. 전국에 있는 티브로드 49개 협력업체 모든 사업장에 노동조합이 건설되어 인간다운 삶을 누릴 수 있는 그날이 오면 좋겠습니다. 그날까지 힘차게 투쟁!

박호준_티브로드 노동자

"쓰레기봉투도 내가 몇 봉지를 썼는지 적어야 해. 쓰레기봉투가 약하면, 봉지가 얇아가지고 금방 찢어져. 그러면 한 봉지 안에 2개가 들어갈 수도 있고 3개가 들어갈 수도 있어. 그런데 그런 생각은 안 하고 업체 반장은 왜 벌써 다 썼냐 이런 식인 거야."

"회사가 비품을 쌓아두고 있질 않아. 그래서 말을 해도 비품이 곧 오질 않아. 당장 청소는 해야 되고, 내 돈 들여 사게 되는 거야."

"예전에는 고무장갑을 마미손 주던 걸 지금은 이름 모를 제품을 준다든지. 제대로 된 비품으로 제대로 청소를 할 수 있게 해줘야 하는데, 제 값을 못하는 상품을 주는 거예요."

2012년 5월, 서울 지역 청소 노동자들이 모여 나눈 '불만집담회'.* 학교 건물을 청소하는 노동자들의 '사소한' 불만 중에는 청소 비품에 대한 것들이 많았다. 업체에서 안 좋은 청소 비품을 지급하는 바람에 노동 강도가 높아지니 견디지 못한 노동자들은 자기 돈

---

* 희정, 〈대학 청소 노동자들의 '불만집담회'〉, 프레시안, 2012.6.7.

을 들여 좋은 청소 비품을 산다. 심지어는 화장실 휴지가 다 떨어지면 휴지심을 갖다 주어야 휴지를 준다는 업체도 있었다. 누군가 화장실 휴지를 통째로 들고 가면 휴지를 채우기 위해 용역업체 반장에게 사정해야 한다. 청소 노동자들의 청소 용품은 처음부터 열악했을까. 아니다. 이전에는 이렇지 않았던 학교가 변화한 이유를 청소 노동자들은 알고 있다. 이들은 "업체가 돈을 아끼기 위함"이라고 말한다. 학교로부터 직접고용이 되어 있는 것이 아니라 용역업체를 통한 간접고용이 되어 있기에 업체는 마진을 남기기 위해 갖은 방법을 동원한다. 노동조합이 없을 때에는 노동자들에게 낮은 임금을 주는 방식으로 비용을 줄이던 업체들은 노동조합이 생긴 후 애꿎은 비품으로 노동자들을 고생시키고 있다.

손실 비용을 노동자들이 부담하는 구조

손실 비용을 누가 부담하는지는 노동자들의 안전과 직결된 문제다. 전신주를 오르는 설치수리 기사들은 노동조합을 만들기 전까지 제대로 된 안전장비를 받지 못했다. 비가 오는 날 전신주에 올라야 하는 상황이 오면 이들은 안전화가 아닌 장화를 신고, 고무장갑을 낀채 전신주에 올랐다. 비가 오지 않는 날도 안전화는 없었다. 본사의 복장 지시에 따라 구두를 신고 담벼락을 올랐다. 그렇다보니 담벼락에서 떨어지는 것은 부지기수. 죽지 않으면 다행이었다.

희망연대노동조합에서 SK 브로드밴드와 LG 유플러스 비정규 노동자들을 대상으로 조사한 바에 따르면 회사에서 차량을 지원받는 경우는 SK 브로드밴드가 3.7퍼센트, LG 유플러스가 0.5퍼센트에 불과했고, 유류비는 9명 중 1명은 전액 본인이 부담하고 있었으며, 1명만이 회사가 일부 부담 또는 지원하고 있었다. 업무용 통신기기 지원을 받는 경우는 10퍼센트 남짓에 불과했다. 실질적으로 유지 비용의 대부분을 노동자들이 부담하고 있었던 것이다.

사소해 보일 수도 있는 이 '비용'은 비용의 문제를 넘어 안전과 직결된 문제다. 삼성전자서비스지회에서 확인한 바에 따르면 2016년 에어컨을 수리하다 사고를 당한 노동자들만 5명이다. 안전하게 에어컨 실외기를 수리하기 위해서는 안전장비도 제대로 착용해야 하고, 점검을 위해 2인 1조 작업이 필수적임에도 이에 대한 제대로 된 조치들이 취해지고 있지 않기 때문이다. 회사는 실적을 강요하고, 노동자들에게 설치수리 건수별로 수당을 지급한다. 안전을 점검하고, 2인 1조로 작업하기 위해서는 작업비를 포함한 모든 손실 비용을 노동자들이 부담해야 한다. 결국 위험한 업무를 혼자 할 수밖에 없는 노동자들은 "운 좋게 살아남아서 다행"일 수밖에 없다.

비단 설치수리 기사만의 문제는 아니다. 덤프트럭 과적도 큰 문제다. 고속도로에서 과적한 트럭이 달리는 것만큼 위험한 일은 없다. 그렇다면 노동자들은 왜 정해진 무게 이상을 싣고 달리는 것일까. 문제의 핵심은 덤프 노동자들이 정해진 월급을 받는 것이 아니라 한 건당 수수료를 받는 '특수고용' 방식으로 계약을 체결한다는 것에 있다. 운임단가, 통행료, 유류비 등이 현실과 맞지 않게 적으니 한 건이라도 더 나르기 위해 노동자들은 과적 요구를 거절하지 못한다. 또한 노동자들이 직접 싣는 것이 아니기 때문에 과적 여부를 정확하게 알 수 없을 때도 많다. 과적 단속에 걸리면 벌금은 노동자들이 부담하는 경우가 많은데* 과적을 거부해 현장에서 찍히면 일을 계속하기 힘들기에 노동자들은 과적이 되더라도 말 한마디 못한 채 위험을 감수하며 도로를 달린다.

대납, 실적 압박

특수고용 노동자들은 '사장님'으로 분류되지만 업무 지시는 본사에서 받는다. 본사는 노동자들에게 영업 실적과 할당량을 강요한다. 그렇다보니 이들은 할당량을 맞추기 위해 '대납'을 하고 이는 노동자들을 빚더미에 오르게 한다. 학습지 회사들은 요 몇 년간 노동자들의 재계약 기간을 단축하고, 수시로 심사를 받는 방식으로 제도를 바꿨다. 주된 심사 항목은 '실적'이다. 그렇다보니 학습지 교사들은 탈퇴한 회원의 회비를 본인들이 충당하고, 허위 신규 회원을 만든다. 2015년 전국학습지노동조합이 기자회견을 통해 밝힌 바에 따르면 대교의 한 학습지 노동자는 실적 때문에 탈퇴 처리를 하지 못한 과목이 86개에 달했다고 한다. 2003년 한국노동연구원에 따르면 학습지 노동자들의 34.5퍼센트가 회원을 대신해 수업료를 낸 경험이 있다. 대납한 수업료를 부담하기 위해 노동자들은 빚을 진다. 늘어나는 빚에 못 이겨 목숨을 끊는 노동자, 회원 탈퇴를 막기 위해 임신 중에도 수업을 나가다 유산하는 노동자가 생길 수밖에 없다.

　　보험설계사도 마찬가지다. 실적 압박에 시달리는 설계사들은

---

* 2005년 덤프연대 노동자들은 과적의 책임을 운전자에게 묻는 '도로법'의 문제를 지적하며 파업을 했다. 이에 현장에서의 과적 강요를 막기 위해 도로법이 개정되어 '과적 지시·요구 사실 신고서'를 작성할 경우 운전자를 면책하도록 했다. 그리고 과적에 대한 벌금도 과태료로 바뀌어서 처벌이 가벼워졌다. 그러나 법원에서는 여전히 덤프 노동자에게 책임을 묻기도 하고, 현장에서 노동자들이 암묵적 지시와 강요를 거부하기는 어려우며, 이럴 경우 노동자가 강요 사실을 입증하기도 어렵기 때문에 과적의 책임이 노동자에게 돌아오는 경우가 많다.

본인들의 지인 명의로 보험을 가입해 월 보험료를 본인이 대납하는 경우가 많다. 한국노동연구원에 따르면 보험료를 대납한 적이 있는 보험설계사가 전체의 46.1퍼센트에 달한다고 한다. 언론에서는 '불법 판매' '보험 사기'라고 하며 난리를 치지만 사실 문제는 보험설계사들에게 있는 것이 아니라 '실적'을 강요하고, '손실 비용'을 노동자들에게 전가하는 왜곡된 고용 구조에 있다.

안정된 생계, 손실 비용의 기업 부담

이처럼 정부와 기업이 책임과 안전에서 도망치는 동안 비용과 위험은 노동자의 것이 된다. 기업에게 사소해 보이는 '손실 비용'을 부담하기 위해 노동자들은 목숨을 건다. 손실 비용의 문제는 노동권만의 문제가 아니라 우리 모두의 안전과 직결된 문제다. 이를 바꾸기 위해서는 무엇보다 노동자들의 불안정한 고용 형태를 바꿔야 한다. 실적을 올리기 위해, 단 한 번이라도 더 나르기 위해 관리자들의 눈치를 보지 않아도 되는, 과적하지 않고, 대납하지 않아도 고용이 유지되는, 안전화와 안전장비를 요구해도 관리자에게 '찍히지 않는' 노동자의 권리가 필요하다. 동시에 각종 부대 비용은 반드시 기업들이 부담하게 해야 한다. 노동자들의 고의로 인한 사고가 아닌 이상 모든 손실과 벌금은 회사가 책임져야 한다.

오진호_비정규직 없는 세상만들기 네트워크 집행위원

사람들은 법을 고정불변의 규범이라고 말한다. 그러나 법은 하루아침에 만들어지지 않았다. 법에는 세월이 담겨 있고, 많은 이의 피와 땀이 묻어 있다. 8시간 노동제, 아동노동 금지, 노동 3권…… 지금 우리를 보호하는 많은 권리들은 노동자들이 19세기부터 치열하게 싸워온 결과이다.

생활임금, 노동시간, 알 권리, 문화생활, 정치 활동…… 삶을 구성하고 유지하는 데 반드시 필요하지만 아직 법으로 보장받지 못하는 권리들의 이름이다. 특히 '노동조합'이란 최소한의 보호 장치도 없는 비정규 노동자들은 이런 권리에서 소외될 수밖에 없다. 지금 우리가 법을 넘어서는 권리들을 외쳐야 하는 이유, 그것은 '법'은 우리가 지켜야 할 약속의 또 다른 이름이지만, 동시에 우리가 만들 약속의 새로운 이름이기 때문이다.

4부
법을 뛰어넘는
권리

나의 가치는 '최저'였다

고등학교를 졸업하고 자취를 시작했다. 생활비를 전부 부담해야 했기 때문에 아르바이트를 할 수밖에 없었다. 첫 아르바이트는 편의점. 당시(2014년) 최저임금은 5,210원이었지만, 수습이라는 이유로 3개월 동안 4,500원을 받았다.

하는 일은 의외로 간단했다. 계산, 매장 정리, 재고 조사, 청소. 하지만 다양한 손님을 맞이하며 내가 했던 감정노동과 최저임금으로 들어오는 월급은 나를 심각한 자괴감에 빠뜨렸다. 주 5일, 7시간씩 빠지지 않고 꼬박 일해서 받는 돈은 고작 70만 원이었다. 월세 25만 원, 교통비 10만 원, 휴대폰비 10만 원을 빼고 사용할 수 있는 돈은 25만 원. 하루 제대로 된 밥 한 끼 먹기도 어려운 상황이었다.

돈이 없어 밥을 제대로 챙겨먹기 어려운 나에게 편의점 아르바이트는 슬프게도 최고의 직장이었다. 매일 폐기되는 도시락으로 허기를 채웠다. 주변 사람들이 건강을 챙기라며 걱정의 소리를 많이 했다. 돈이 없는데 건강을 위해서 도대체 내가 무엇을 더 할 수 있었을까?

하루는 알바를 가야 하는데, 교통비가 없어서 가지 못했다. 1,050원이 없어서 말이다. 같이 일하는 분이 "월급 받은 건 다 어디에 썼냐?"라고 물을 때 할 말이 없었다. 오히려 내가 되묻고 싶었다. "그러게요. 옷을 산 것도, 비싼 음식을 먹은 것도, 여행을 한 것도 아닌 똑같은 일상이었을 뿐인데, 왜 돈이 없을까요?"

최저임금에도 못 미치는 돈을 받고 일했지만, 알바 노동자의 감정노동은 이루 말할 수 없었다. 반말, 돈 던지기, 무리한 부탁 등 다양한 사람들의 온갖 이야기를 들어야 했다. 나는 한 명의 인간이 아닌, 손님의 감정을 받아주는 '감정의 쓰레기통'이었을 뿐이었다. '쓰레기통'의 대우를 받으면서도 내가 참아야 했던 이유는 간단했다. 먹고살기 위해서.

딱 한 번 손님에게 맞대응을 한 적이 있었다. 동전을 던진 손님에게, 똑같이 종이컵을 던졌다. 입에 담지 못할 욕을 들었다. 그런데 그날은 퇴근길이 편안했다. 단골이었던 그 손님은 더 이상 편의점에 오지 않았다. 얼마 지나지 않아 나도 그 편의점을 그만뒀다.

마지막 월급 통장에 찍힌 70만 원을 보며 웃었다. 최저임금? 도대체 뭐가 최저임금인가. 세상이 규정하는 '인간으로서 살 수 있는 최소한의 임금'이 최저임금이 아니던가. 매일 유통기한이 지난 도시락을 먹고, 온갖 사람들의 '감정의 쓰레기통'이 되며 참고 일하며 벌었는데도 나는 최저임금에도 미치지 못한 돈을 벌었다. 그러니 쓴웃음을 지을 수밖에 없었다.

편의점을 그만두고, 한 대학가의 서점에서 일을 시작했다. 개강 시기에, 같은 또래로 보이는 정말 많은 대학생들이 오갔다. 즐겁게 친구들과 대학 교재를 사고, 수업에 대한 이야기를 하는 모습이 너무 부러웠다. 지인 중 한 명이 이런 말을 한 적이 있었다. "알바하면서 쉬는 시간에 공부해서 대학에 가면 어떻겠느냐?"고.

말은 쉽다. 하지만 알바 노동자에게 '쉬는 시간'은 없다. 그리고 나만 그랬는지 모르겠지만, 쉬기 싫다. 쉴 수 없다. 30분, 1시간의 정당한 휴게 시간이 알바 노동자에게는 다음 달 생활비와 직결되기 때문이다. 누군가는 하루에 남는 시간에 공부할 수 있지 않느냐고 반문할지도 모른다. 만약 그게 나였다면 차라리 알바를 하나 더 했을 것이다. 계산해보니 적어도 2개 이상의 알바를 뛰어야 최저임금을 받으며 정말 최소한의 인간적인 생활을 할 수 있을 것 같았다.

개강 시즌이 끝나고 나는 해고되었다. 일이 많지 않아 기존의 사람들로도 충분히 할 수 있다는 이유였다. 당연한 이치였다. 알바 노동자는 가장 쉽게 쓰고 버릴 수 있는 존재들이기 때문이다. 갑작스럽게 해고 통보를 받았지만, 어떤 말도 하지 못하고 나올 수밖에 없었다. 사실 이러한 경험은 당연한 것이었다. 사회는 알바 노동자를 하나의 '인간'으로 보지 않기 때문이다.

지금 나는 알바 노동자들의 노동조합인 '알바노조'에서 활동하고 있다. 알바는 아직까지도 '알바생'이라고 불리고 있다. 알바가 한 명의 노동자로, 한 명의 인간으로 인정받는 세상을 만들고 싶다. 이전에는 혼자였기 때문에 '알바'하는 사람으로서 두려웠지만 더 이상 그렇지 않다. 이제는 알바 노동자들과 함께 세상을 바꿔나갈 것이다.

강태이_알바노조 조합원

누구나 생활할 만한 임금을 받을 권리가 있다

누구나 생활할 만한 임금을 받을 권리가 있다.
최저임금이 생활할 만한 임금으로 인상되어야 하며, 노동자들은
최저임금을 넘어서는 임금을 받아야 한다.

- 비정규직 없는 세상을 위한 사회헌장 제6조

"한번 그렇게 살아보라."

2015년 1월 미국의 오바마 대통령이 국정연설에서 최저임금이 대폭 인상되어야 한다고 주장하면서 한 발언이다. 당시 미국 대통령의 이 발언은 많은 이들의 공감을 얻은 '사이다' 발언이었다. 오바마의 영향이었을까? '알바몬'이라는 구인구직 사이트는 아이돌 가수 혜리를 앞세운 '알바몬 CF 영상'(30초 버전)을 만든다. 최저임금과 알바 노동자들의 인격모독을 직접적으로 언급한 이 광고는 한 달 만에 187만 건이라는 조회수를 기록했고, '사장님'과 '알바 노동자' 모두에게 뜨거운 반응을 만들어냈다. 한국인터넷콘텐츠서비스협동조합은 "알바몬 광고가 아르바이트 근무자와 고용주 간의 갈등과 오해를 유발할 수 있어 심각한 우려를 표명한다"며 "즉각적인 광고 배포 중지와 소상공인 전체에 공개사과"를 할 것을 요구했고, 알바몬에 항의하는 '사장몬'(정직한 자영업 사장님들의 모임)이 만들어지는 해프닝도 있었다.

저임금 노동을 강요하는 사회

법으로 정한 법정 노동시간을 일하면 그 임금으로 생활할 수 있어야 한다. 그러나 우리나라 저임금 노동자들의 임금 수준은 턱없이 낮다. 평균임금 대비 최저임금 수준이 35.1퍼센트, OECD 25개 나라 중 18위다. 그렇다보니 우리나라는 저임금 노동자 비중(전체 노동자 중 가장 가운데에 있는 노동자의 임금의 3분의 2 미만을 받는 노동자의 비중)이 23.9퍼센트로 미국(25.3퍼센트)에 이어 세계 2위인 저임금 노동자의 나라다.

이런 저임금 구조의 뒤에는 노동에 대한 차별적 시선, 업무의 중요성에 따라 임금을 차별하는 기업의 행태가 있다. 많은 사람들이 '청소는 낮은 직무'이므로 저임금을 주면 된다고 생각하고, 학생이나 청소년이 알바를 하면 '용돈'이나 벌러 나왔다고 말한다. 아줌마들이 '반찬값'이나 벌려고 나온다며 그녀들의 노동을 괄시한다. 이런 사회적 인식을 조장하고, 반영하기도 하는 기업들은 노동자들의 노동을 '업무의 중요성'이라는 이름으로 갈라 임금을 차별한다. 실제 업무의 중요성을 판단하고, 평가하는 기준이 매우 주관적임에도 기업이 이를 통해서 얻고자 하는 효과는 노동자들을 단결하지 못하게 하는 것이다. 낮은 임금을 받는 노동자들을 통해 상대적으로 많은 임금을 받는 노동자들을 압박하고, 노동자들 내부를 갈라 서로 단결하지 못하도록 만든다. 이처럼 사회적 편견은 노동에 대한 잘못된 편견을 만드는 것과 동시에 저임금을 정당화하는 논리로 작동한다.

저임금을 조장하는 제도들

큰 공사를 할 때나 물품 납품을 입찰할 때 대부분의 기업은 '최저가 낙찰제'를 시행한다.* 예산 절감을 위해 시공 능력, 기술력, 재무 구조 등의 요건보다 입찰가격을 먼저 판단해 최저 가격을 제시한 낙찰자를 결정하는 방식이다. 어떻게든 최저가를 만들기는 해야겠고, 기본적으로 들어가는 비용은 정해져 있으니 업체들은 인건비를 줄이기 위해 안간힘을 쓴다. 낙찰받은 업체들은 '남겨먹기 위해' 부실 공사, 안전장비 미설치 등을 단행해 현장을 더 위험하게 만들고, 노동자들의 임금을 삭감한다. 최저가 낙찰제가 있는 한 노동자들의 '생활임금'은 보장받을 수 없다. 최저가 낙찰제가 아닌 다른 방식, 노동자들의 보장된 고용과 충분한 임금에 대한 기준을 가진 낙찰제가 필요하다. 특히 노동자들의 고용을 승계하고 생활임금을 줄 수 있는 곳에 한해서만 입찰을 할 수 있도록 해야 한다.

간접고용이라는 제도 자체도 문제다. 공단 지역에는 파견과 용역업체들의 중간착취가 넘쳐난다. 현행 ILO 협약에서는 민간 고용서비스 부문에서 구직자로부터 수수료를 수취하는 것을 원칙적으로 금지하고 있고, 국내 직업안정법상 민간 고용서비스 기구는 노동자 임금의 100분의 4 범위 내에서 수수료를 수취할 수 있도록 되어 있다. 그러나 새벽 인력시장의 경우에는 단순 잡부의 일당이 약 7만 5,000~8만 원 정도인데 이 중 7,000~8,000원 정도가 수수료라고 한다. 10퍼센트에 달하는 수수료. 여기에 소개 업체가 늘어가면서 경쟁이 붙고, 이는 결국 '임금을 얼마나 낮출 수 있는가'를 놓고서 경쟁하는 양상이 된다. 파견직 노동자들의 경우도 다르지 않

---

* 공공 부문에서는 최저가 낙찰제의 단점을 보완한다고 하면서 제한적 최저가 낙찰제를 시행하고 있는데, 이는 일정 비율 이상의 금액으로 입찰한 자 중에서 최저 가격을 제시한 입찰자로 낙찰하는 것을 말한다. 최저가 낙찰제의 부작용을 그다지 개선하지 못하는 방안이다.

다. 지역 내 아웃소싱 업체의 경우 소개 형식으로 파견 1건당 20~30만 원의 수수료를 노동자에게서 떼어간다. 결국 노동자들에게 지불되어야 할 돈이 파견업체로 들어가는 것이다. 정부는 고용서비스 활성화 방안을 통해서 구인자에 대한 소개 수수료를 자율화하겠다고 하는데 수수료에 대한 규제를 풀어 불법으로 운영되어온 파견업체들을 다 합법으로 만들겠다는 이야기밖에 되지 않는다.

기본급과 수당을 합해서 총액으로 준다고 하는 '포괄임금제'의 경우 정부가 개선하겠다고 했지만 '연봉제'라는 이름으로 편법 적용되면서 저임금 구조를 공고화한다. 24시간 격일 근무 또는 12시간 주야 교대 근무를 시행하는 요양보호사들은 밤새 환자들의 석션(가래를 뽑아주는 일), 기저귀를 갈아주는 일 등을 한다. 하지만 이들의 근로계약서에는 '휴게 시간 23시부터 다음날 05시까지'라고 적혀 있다. 일을 하고 있을 시간이 '휴게 시간'으로 분류되어 임금을 삭감하고 있는 것이다. 그렇다보니 매년 최저임금이 올라도 노동자들이 실제로 받는 임금이 그대로인 경우가 많다. 매년 근로계약을 갱신하면서 휴게 시간만 늘리는 방식으로 최저임금 위반을 피해가는 것이다. 이처럼 포괄임금제는 초과근로수당을 없앰으로써 결국 노동시간에 대한 규제를 무력화한다. 노동자들의 임금을 깎고 초과노동을 마음대로 시키도록 만드는 포괄임금제도는 없어져야 한다.

여전히 중요한 최저임금, 그러나……

최저임금제는 "국가가 노사 간의 임금 결정 과정에 개입하여 임금의 최저 수준을 정하고, 사용자에게 이 수준 이상의 임금을 지급하도록 법으로 강제함으로써 저임금 근로자들을 보호하는 제도"다.

2017년 6,470원인 최저임금을 받지 못하는 이들은 13.6퍼센트로서 노동자 100명 중 13명 이상이었다. 그렇기에 최저임금 인상은 단순히 저임금 노동자들의 생활을 해결하는 수준의 문제가 아니라 장시간 노동이라는 한국 사회 노동 문제를 해소하고, 전체 노동시장의 수준을 높이기 위한 필수적인 과제일 수밖에 없다. 그렇다보니 매년 최저임금위원회의 최저임금 결정 시기가 되면 경영계와 노동계는 첨예하게 대립한다. 최저임금이 '최저 기준'임에도 저임금 노동자들의 임금 가이드라인이 되어버렸기 때문이다.

2017년 민주노총은 '만원행동'을 구성하여 최저임금이 적어도 1만 원은 되어야 한다고 주장했다. 시민들을 만나 서명운동도 하고, 걷기 행사도 했다. 문재인 정부도 최저임금 인상의 필요성에 동의했기 때문에 2017년에는 최저임금이 대폭 인상될 것이라고 기대했다. 그 결과 2018년 최저임금은 16.4퍼센트가 올라 7,530원이 되었다. 그러나 대부분 최저임금 액수에 관심을 기울였을 뿐, 그것이 과연 노동자가 최소한의 생계를 유지할 수 있는 금액인가에 대해서는 제대로 질문하지 않았다. 그러다보니 최저임금을 인상하고 나서도 최저임금 인상의 효과를 없애기 위해 휴게 시간을 늘리거나 상여금을 월로 나누어서 최저임금에 포함시키는 등 편법이 난무했다. 그리고 5월, 국회 환경노동위원회는 최저임금 산입범위에 후생복리수당과 상여금을 산입하는 개악을 단행했다. 지금까지 기업들이 저질러왔던 편법들을 합법화해준 것이다. 게다가 이런 편법을 위해 마구잡이로 진행되었던 취업규칙 불이익변경도 상여금을 월 단위로 나누어주는 경우 기업이 노동자의 의견만 청취하고 자유롭게 변경할 수 있도록 만들었다. 이로써 최저임금 인상의 효과는 점차로 사라지게 된다.

　1,800만 명의 최저임금 대상자를 대표하는 노동자위원 9명과, 한 줌도 되지 않는 경영계 사용자위원 9명, 정부가 임명하는 공익위원 9명이 최저임금을 결정한다. 최소한의 형평성도 갖추지 못한 위원회에서, 폐쇄적인 회의실에서 노동자들의 1년의 삶을 결정한다. 이 속에서 어느 정도가 되어야 노동자가 최소한의 인간다운 삶을 유지할 수 있는지는 이야기되지 않는다. 물가인상률, 기업의 부담 등이 주요 의제가 될 뿐이다. 이 구조가 유지되는 한 최저임금이 생활할 수 있는 임금이 될 수 있을 턱이 없다. 최저임금위원회가 아닌 조금 더 사람들을 대표하고, 노동자들의 의견을 반영할 수 있는 구조에서 최저임금이 결정되어야 한다.

　그런데 최저임금은 말 그대로 최저선일 뿐이다. 많은 사용자들이 최저임금만 주면 되는 것처럼 생각하지만, 최저임금은 임금의 최저선일 뿐 일을 하는 노동자들은 최저임금을 뛰어넘어 생활할 만한 임금을 받아야 할 권리가 있다. 그러나 생활 가능한 임금은 저절로 주어지지 않는다. 노동자들은 노조를 만들고 임금 협약을 통해 최저임금 이상의 임금을 받기 위해 싸운다. 그래서 더 많은 노동자들이 조직되어야 한다. 그리고 최저임금만큼만 주는 것이 법적으로는 문제가 없더라도 사회적으로는 지탄받을 만한 일이라는 것을 계속 알려나가야 한다. 물론 최저임금을 대폭 인상하여 미조직 노동자들도 생활임금을 누릴 수 있도록 하는 노력도 매우 중요하다.

오진호_비정규직 없는 세상만들기 네트워크 집행위원

　모든 노동에 바칩니다

이야기 열다섯

콜센터 노동자들에게 인권은 없다

상담 AP* 왼쪽 상단에 상태표시 메뉴가 있다. 상태표시 메뉴는 의자에서 일어나면 '휴식'으로 표시되고, 밥을 먹으러 갈 때에는 '식사 시간'으로 표시된다. 통화 중이면 통화 시간이 1초, 2초, 3초…… 흘러간다. 통화 종료와 함께 문의 내용과 답변 내용을 기재하거나 민원 접수를 하는 동안 '후처리 시간'이 1초, 2초, 3초…… 흘러간다. 민원 접수가 되거나 이력 저장 후 '상담 가능'을 클릭하면 '통화 시간'이 또 흘러간다.

이렇게 수치화(계량화)된 시간은 나의 등급이 되고 급여가 된다. 인바운드(걸려온 전화) 총 통화 수를 8시간으로 나눈 CPH(시간당 콜 수), 휴식 시간, 후처리 시간을 모두 계산해서 동료 상담사들 간의 상대평가를 한 후 나의 등수를 매기고, 등급을 설정한다. 다른 상담사들보다 콜 수가 낮거나 이석(자리를 떠나는 것)과 후처리 시간이 길면 나는 등급이 떨어져 월급이 적어진다. 내 옆자리 상담석에 앉은 상담사보다 많은 콜을 받기 위해 화장실도 가지 않고, '상담 가능'

---

* 현재 진행되는 콜을 전산으로 한눈에 보여주는 프로그램.

을 누르고 무한 경쟁을 하면서 일명 '콜 땡기기'를 한다. 콜 수뿐만 아니라 녹취된 콜을 QA(콜 품질 평가)라는 이름으로 평가받기도 해야 한다. 시민과의 콜을 듣고 '~요'와 '~ㅂ니다'를 3 대 7로 응대했는지, 속도는 어땠는지, 목소리는 상냥했는지, 문의 내용은 제대로 파악했는지, 답변은 제대로 했는지, 인사말과 끝인사, 마무리 멘트는 정해진 스크립트대로 했는지, 정해진 업무 플로어대로 응대했는지를 평가한다.

1시간 동안 15콜을 받기 위해서는 4분에 1콜을 받아야 한다. 4분이라는 시간 동안 정보를 검색해서 안내하고, 안내한 내용을 저장해야 한다. 4분이라는 시간 동안 민원 내용을 파악하고 민원을 해결할 수 있는 기관과 부서를 찾아 접수를 해야 한다. 정보를 확인하기 위해 너무 많은 시간을 소요하거나, 질문이 많거나 고질적인 민원이어서 하소연을 들어야 하는 콜이면 20분 정도가 휙 지나가버린다. 5콜을 받아야 하는 시간에 1콜만 받았기 때문에 14콜을 40분 동안 받아야 한다. 다행히 단순 문의가 많거나 민원 접수가 없을 때는 이 콜 수를 채울 수 있지만, 안내할 수 있음에도 담당 부서로 콜을 넘겨야 할 때도 많다. 그러나 20분 정도 소요되는 콜을 하루에 2~3개 이상 받았다면 그날은 콜 수를 포기해야 한다. 콜 수를 포기한다는 것은 급여를 포기하는 것과 같다.

관리자는 앉은 자리에서 실시간으로 통화 내용뿐 아니라 상담사가 무엇을 하고 있는지 확인할 수 있다. 상담사가 화장실에 갔는지, 밥을 먹으러 갔는지, 누구와 주로 같은 시간에 흡연을 하러 가는지, 민원을 접수하고 있는지, 안내한 내용을 기록하고 있는지, 몇 분 몇 초 동안 통화하고 있는지, 누구와 몇 시에 나가서 아직도

모든 노동에 바칩니다

들어오고 있지 않은지 실시간으로 확인한다. 소름끼치는 사업장 통제 감시다.

이러한 시간의 통제와 서열화는 전산화와 녹취뿐 아니라 팀장제라는 병영적 관리와 통제로 극대화된다. 화장실 가는 인원을 2명으로 한정하고, 손 피켓을 들어 화장실 가는 순서를 정한다. 그러면 먼저 다녀온 동료가 올 때까지 참아야 한다. 물 마시러 가는 상담사를 주저앉히고 물을 떠다주고, 흡연하면서 잠시 휴식하는 사람들을 찾아 상담석에 앉히는 역할을 하기도 한다. 실시간으로 콜 청취를 하면서 상담 시간을 관리한다. 관리자는 인간 CCTV인 것이다.

이러한 숨 막히는 통제는 노동하는 8시간뿐 아니라 노동자들의 자유 시간조차 조기 출근으로, 업무 시간 이외에 하는 집합교육이라는 이름으로 통제하고 착취한다. 정해진 업무 시간보다 회사의 지시로 일찍 출근하여 조회나 교육 등을 진행하고, 5~10분 일찍 콜 업무를 시작한다. 점심 시간 1시간도 온전하게 그냥 내버려두지 않으려 한다. 콜이 밀리는 날이면 5~10분의 점심 시간도 무료로 노동할 것을 강요한다. 매달 있는 업무 테스트 주가 되면 어김없이 진행되는 퇴근 후 집합교육으로 무료 노동을 강요한다. 주말에도 강요된 근무를 해야 했다. 주말에 근무를 해야 한다는 사실보다도 본인의 업무와는 다른 콜을 응대해야 한다는 것이 극심한 스트레스였다.

콜센터 노동자들의 업무 시간 통제는 상상을 초월한다. 매일, 매월의 콜 시간과 콜 수가 수치화, 계량화되어 1등부터 꼴등까지 줄세워져 그에 따른 급여가 차등 지급된다. 매월 등급이 매겨지며 급여가 지급되는 시스템은 동료와 무한 경쟁을 할 수밖에 없고 이는 노동자의 건강과 인간성을 파괴시킨다. 나의 콜 수와 콜 타임을 늘리기 위해 자신의 다친 감정을 추스를 시간도 없이 컴퓨터 자판과 모니터, 헤드셋, 의자와 한 몸이 되어야 한다. 화장실 가는 시간도, 쉬는 시간도 잊고 전화를 받아야 한다.

이러한 현실에서 노동조합을 함께 만들고 단결하고 노동시간 통제에 맞서 싸운 다산콜센터 노동자들의 파업은 놀라운 것이었다. 파업 기간 동안 콜 타임과 콜 수를 스스로 조절하여 노동한 경험은 파업 이후 현재의 다산콜센터의 병영적으로 통제되어온 현장을 바꾼 가장 큰 힘이었다. 그리고 진정한 변화는 초 단위로 수치화되고 계량화되어 철저하게 성과제로 반영되고 있는 급여 제도와 평가 제도를 없애야 가능하다. 그러나 노동자의 건강권이나 노동권은 자본의 이윤 극대화의 장애물이기 때문에 자본은 이러한 통제 방식, 평가 제도를 끝까지 고수하려 할 것이다. 이런 방식의 평가 제도를 유지해야 그들은 콜센터 노동자의 시간을 자유롭게 통제하고 착취하고 노동자를 무한 경쟁으로 몰아넣고 최소한의 인원으로 최대의 콜을 받게 할 수 있기 때문이다.

이렇듯 노동시간과 노동 강도를 서열화된 급여로 통제하는 구조를 근본적으로 바꾸지 못한다면 콜센터 현장의 숨 막히는 노동 현실을 바꿀 수 없을 것이다. 이 구조를 어떻게 바꿀 수 있을까? 이것이 부당한 구조임을 깨닫고 옆자리의 동료와 함께 힘을 모아야 진정한 변화를 일으킬 수 있을 것이다.

김영아_다산콜센터 노동자

※ 서울시 민원안내전화 다산콜센터 노동자들은 2012년 9월 12일 노동조합 건설 이후 병영적 통제나 조기 출근, 업무 시간 외 집합교육 등 불법적인 관행들을 없애 왔다. 노조는 서울시가 직접고용할 것을 요구하며 오랜 기간 싸워왔고, 서울시는 출연한 재단 설립을 통해 직접고용을 하는 데에 합의했다. 2016년 9월 재단 설립을 위한 서울시 조례안이 시의회를 통과했고, 12월 서울시 예산 198억 원이 시의회를 통과했다. 재단을 통한 직접고용이라는 한계가 있으나 직접고용이 노동자들의 고용 불안을 막고 노동자들의 노동조건을 높이는 중요한 계기라는 점에서 중요하다. 그런데 노동자들의 노동을 초단위로 나누어서 감시하고, 노동자들이 자발적으로 노동 강도를 늘리도록 하고 화장실 가는 시간까지 체크하는 이 비인간적인 노동시간 통제가 사라지려면 노동조합의 힘이 더 강해져야 할 것이다.

노동시간에 대한 권리가 필요하다

노동시간에 대한 권리가 있어야 한다.
적정한 휴가와 휴식시간을 누리고, 원하는 시간에 일할 수 있어야 한다.
사람이기 때문에 회사가 원하는 시간에 맞춰서 살 수는 없다.

- 비정규직 없는 세상을 위한 사회헌장 제7조

우리는 하루 24시간 중 거의 전부라고 할 만큼의 시간을 일하는 데 쏟고 있다. 긴 시간이든 짧은 시간이든, 노동하는 시간이 괴롭고 힘든 것은 순전히 일이 힘들어서가 아니다. 기업의 필요에 따라 노동력을 제공하면서 언제든 갈아 끼울 수 있는 부품으로서만 존재할 뿐, 인간으로서 존중받지 못하고 있어서다. 그렇기에 이제라도 우리는 고용, 임금, 노동조건에서뿐 아니라 더 건강하고 행복한 생활을 위해 노동시간에 대한 권리를 요구해야 한다. 노동시간을 기업의 것이 아닌 노동자의 것으로 되찾아야만 우리의 삶이 풍요로워질 수 있기 때문이다.

시간의 권리를 빼앗긴 노동자

2012년 '서울 남부 지역 권리 찾기 사업단 – 노동자의 미래'에서는 서울디지털산업단지 노동자들을 대상으로 '무료 노동 이제 그만'이라는 캠페인을 벌였다. 정해진 출근 시간보다 일찍 출근해 조회를 하거나 업무를 시작하고, 작업장 정리와 청소를 하느라 늦게 퇴근하고, 1시간 미만의 연장 근무에 대해서는 연장 수당을 받지 못하는 일들이 비일비재해 노동자들의 불만이 극에 달했다. 그래서 업무 대기 시간과 준비 시간이 일하는 시간으로 인정받지 못하는 것에 대해 문제 제기하고, 하루 정해진 시간 외에 사업장에서 이뤄지는 노동은 부당한 것이라는 걸 알리고, 이에 대한 정당한 대가를 요구하기 위해 캠페인을 벌였던 것이다. 이후 한 사업장에서는 근무시간 이전에 실시했던 체조를 근무시간 내로 조정하는 성과를 보였다.

2011년에는 야간 노동 근절을 위한 유성기업 노동자들의 투쟁이 있었다. "노동자는 올빼미가 아니다, 밤에는 잠 좀 자자"라는 외침은 인간답게 살기 위한 절절한 호소였다. 의학계는 야간 노동이 노동자의 수명을 13년이나 단축시킨다고 했고, 국제암연구소에서는 야간 노동이 암을 유발한다고도 했을 만큼 야간 노동은 노동자의 건강을 크게 위협하는 요인이다. 게다가 야간 노동은 가족과 함께 보내는 시간을 빼앗고 사회적 관계를 형성하는 데에도 악영향을 끼친다. 그런데도 유성기업은 야간 노동을 없애자는 노동자들의 요구를 받아들이기는커녕 되레 탄압만 일삼고 있을 뿐이다.

근로기준법은 하루 8시간, 주 40시간이 노동시간의 기준임을 말하고 있다. 그렇지만 많은 노동자들이 이를 적용받지 못하고 있다. 근로시간 특례 업종이 많이 줄어들기는 했지만 여전히 운수·보건직 노동자들에게는 주 12시간 이상의 연장근로를 허용하고 휴게 시간도 변경할 수 있도록 하고 있다. 그리고 제63조는 경비원이나 보일러 및 전기 기사와 같은 '감시 또는 단속적(斷續的)으로 근로에 종사하는' 노동자들에게는 근로시간과 휴게, 휴일에 관한 규정을 아예 적용하지 않아도 된다고 밝히고 있다. 또한 주 15시간 미만의 노동을 하는 단시간 노동자에 대해서는 유급 휴일과 유급 휴가를 적용하지 않아도 된다고 제18조에서 명시하고 있다. 최저 노동조건을 정한 근로기준법이 가장 많은 보호를 받아야 할 노동자들을 도외시하고 있는 것이다.

이렇듯 법과 제도가 노동자들을 외면하고 있는 동안 기업은 일상적으로 노동자들을 감시·통제하고 있다. 다산콜센터에서는 매일 매월 콜 수와 콜 시간을 수치화해 등급을 나누고 임금을 차등 지급했다. 반월시화공단 노동자들은 물량을 맞추기 위해 잔업과 특근이 강제되고, 작업 시간 중에 화장실을 가는 것도, 물을 마시는 것도 통제당하고 있다. 한국철도공사 자회사인 코레일관광개발은 연차가 가능한 날을 지정해 KTX 승무원들에게 선착순으로 휴가를 주었으며, 광주 제2순환도로를 관리하는 하청업체는 생리휴가를 쓰려는 노동자에게 진단서를 요구했다.

이처럼 노동자들은 너무도 다양한 방식으로 노동시간에 대한 권리를 빼앗기고 있다. 그러나 노동시간에 대한 강제는 법과 제도가 승인하고, 관행과 강압으로 시행되고 있어서 이것이 노동자의 권리를 침해하고 있다는 걸 당사자들도 미처 깨닫지 못하고 있는 상태다.

시간의 권리를 빼앗는 노동시간 유연화

한국의 노동시간은 OECD 국가 중 매년 상위권에 오를 만큼 길고, 그에 반해 행복지수는 번번이 최하위를 기록한다. 기업은 장시간 노동을 통해 이윤을 획득해왔고, 노동자들은 강제된 잔업과 특근으로 하루의 대부분의 시간을 노동하는 데에만 쏟을 수밖에 없다. 한편으론 노동자들이 일상을 파괴하는 장시간 노동을 '자발적'으로 원하

모든 노동에 바칩니다

는 이중적인 태도를 취하기도 하는데, 이는 너무도 낮은 기본급과 사회보장제도의 미비로 잔업과 특근을 해야만 생활이 가능한 임금을 얻을 수 있기 때문이다.

하지만 이제는 노동시간을 줄여야 한다는 것이 거스를 수 없는 일이 되었다. 여전히 현장에서는 장시간 노동이 만연하지만, 기업의 입장에서는 단위 시간당 노동 비용이 가장 싼 장시간 노동을 포기할 생각이 없는 듯하다. 그럼에도 정부가 빈말로라도 노동시간 단축을 말하고, '저녁이 있는 삶'이라는 슬로건이 회자될 만큼 노동시간을 줄여야 한다는 사회적 합의가 이루어지고 있다. 다만 여기서 문제가 되는 것은, 순전히 노동시간의 길이를 줄이는 데 있는 것이 아니라 누구에 의해서, 무엇을 목적으로, 어떠한 방향으로 결정되고 있느냐는 것이다.

이명박 정부는 장시간 노동을 해소하고, 여성 고용 창출과 청년 실업 문제를 해결하기 위해 유연근무제를 도입하면서 시간제 일자리를 만들겠다고 했다. 박근혜 정부 역시 고용률 70퍼센트 달성을 목적으로 '시간선택제' 일자리를 확대하겠다고 했다. 이명박 정부와 박근혜 정부는 자신들이 만든 시간제 일자리가 단지 노동시간만 짧을 뿐, 고용이 보장되고 임금과 노동조건에 있어 정규직과 차별도 없는 좋은 일자리라고 했다. 그렇지만 과연 두 정부가 노동시간 단축, 일·가정 양립, 일자리 창출 등의 명목으로 추진한 시간제 일자리가 과연 노동자에게 좋은 일자리이긴 한 걸까?

아니다. 정부의 홍보와는 달리 시간제 일자리는 고용도 불안정하고 저임금에 노동조건도 나쁜 일자리이다. 시간제 일자리가 정규직 일자리라고 했지만, 실상 그 일자리는 기간제에 불과했다. 공공 부문에서부터 시작된 시간제 일자리는 시간제 공무원과 시간제 교사를 정규직으로 채용한다고 했지만 정확하게는 무기계약직이었고, 대기업이 앞장서 채용한 민간 부문 시간제 일자리는 2년 미만의 계약직이었을 뿐이다. 그리고 시간제 일자리를 만들면서 시간제 일자리에 적합한 직무를 개발하도록 했는데, 이는 특정한 직무를 시간제 일자리로 고착화하는 효과를 낳는다. 어떤 일자리는 정규직, 또 어떤 일자리는 시간제로 분할되는데, 결과적으로 시간제는 또 다른 비정규직에 불과하다. 마치 계약직이 정규직의 전 단계로 여겨지는 것처럼 시간제 일자리가 전일제 일자리로 가기 위한 수순처럼 받아들여지는 셈이다.

사정이 이러함에도 정부가 사활을 걸고 시간제 일자리를 늘리는 데는 그만한 이유가 있었다. 그저 장시간 노동을 해소하고, 고용률을 높이기 위해서가 아니다. 더 실질적인 의도는 '고용의 유연화'를 넘어 '노동시간의 유연화'를 꾀함에 있다. 기업이 필요할 때엔 노동자들을 불러다 쓰고 필요가 없어졌을 때엔 그 어떠한 책임도 지지 않고 버릴 수 있는 노동자, 그것이 바로 비정규직 노동자들이다. 이렇게 비정규직을 활용한 고용의 유연화가 완성되었다고 여겨졌는지 이제는 노동시간을 쪼개고 나누어 '기업'이 '필요'한 '시간'에만 노동력을 활용하겠다고 한 것이다.

이렇게 되면 노동자들의 상황은 지금보다 더 불안정해질 수밖에 없다. 언제 불려가 일하게 될지 알 수 없어 상시적인 대기 상태에 놓이고, 호출되었을 땐 자신이 어떠한 상황에 있든지 상관없이 나가서 일해야 한다. 그다음 차례는 당연히 시간제 노동력을 중개하는 중간업체의 등장일 수밖에 없다. 지금이야 시간제 노동자들을 직접고용해 일하게 하겠지만, 원활하게 노동력을 제공받고 노동법상 책임을 회피하기 위해 중간업체를 둘 게 뻔하다. 이는 이미 파견법이 통과된 이후 간접고용이 확대한 상황으로 확인된 바 있다.

　결국 시간제 일자리는 '반듯'한 일자리도 아니고, 노동자가 시간을 '선택'할 수 있는 일자리도 아니다. 임금과 노동조건을 시간 단위로 끊어 '정규직 전일제-정규직 시간제-비정규직 전일제-비정규직 시간제' 등으로 나눠 노동자 간의 위계를 만들고 노동자의 권리를 교묘하게 박탈하는 나쁜 일자리일 뿐이다. 노동자들로선 다양한 고용 형태, 다양한 노동시간에 따라 손쉽게 활용되는 상시적 구조조정 상태에 놓이게 되는 것이라 지금보다 더더욱 불안정한 상태로 내몰릴 게 분명하다.

노동시간의 권리를 누가 가질 것인가

기업은 노동시간을 통제해서 더 많은 이윤을 만들고 싶어 한다. 이에 반해 노동자에게 노동시간은 자신의 삶을 구성하는 데 가장 큰 부분 중 하나이다. 건강하게 일하고, 가족들과 함께 시간을 보내고, 사회적 관계를 맺는 데 노동시간이 크게 좌우된다. 노동시간이 노동자의 건강과 삶에 직간접적으로 영향을 주고 있기에 노동자가 노동시간에 대한 주권을 가지지 못하면 그저 기업에 이윤을 만들어주는 부속품에 불과해질 뿐이다. 노동자는 기계가 아니라 인간이다. 그렇기 때문에 노동자가 노동시간에 대한 통제력을 가져야 하는 것이다.

　노동시간에 대한 통제력을 누가 갖는가에 따라 하나의 정책이 완전히 다른 결과를 낳기도 한다. 2017년 문재인 대통령 직속 일자리위원회는 '일자리 정책 5년 로드맵'을 발표해 '근로시간 저축휴가제'를 도입할 것을 제안했다. 연장근로나 휴일근로 등 초과근로나 사용하지 않은 연차휴가를 근로시간으로 환산해서 저축한 후, 노동 자가 필요할 때 휴가로 활용하는 제도이다.

이 제도의 취지를 보면 매우 좋아 보인다. 그런데 현실은 어떨 까? 노동자가 원할 때 더 많이 일하는 것이 아니라 회사가 원할 때 잔업과 특근을 하게 된다. 노동자가 쉬고 싶을 때가 아니라 회사에 물량이 없을 때 쉬게 된다. 노동자에게 노동시간에 대한 통제력이 없는 상황에서 추진되는 '근로시간 저축휴가제'는 잔업특근을 해도 연장근로수당을 주지 않고 물량이 적을 때 노동자들을 일찍 집에 보내는 제도가 될 수밖에 없다. 곧 노동자들이 스스로 자유롭게 시 간을 쓸 수 없는 상태에서 이 제도를 시행하게 되면 노동자들에게 는 나쁜 제도가 될 수밖에 없다.

노동자가 시간에 대해 권리를 갖도록 하려면 절대적으로 노동 시간이 단축되어야 한다. 노동자들이 건강하고 행복한 삶을 구현할 수 있도록 하는 실질적인 노동시간 단축 말이다. 세계인권선언은 제 24조에서 "모든 사람에게는 노동시간의 합리적인 제한과 정기적인 유급 휴가를 포함하여 휴식과 여가를 요구할 권리가 있다"고 밝히 고 있다. 노동자의 휴식은 그저 다시 일할 힘을 비축하기 위해 있는 게 아니라 인간다운 생활을 위해 당연히 가져야 할 권리이다. 노동 시간을 단축한다고 해서 임금이 하락되거나 노동 강도가 높아져서 도 안 된다. 기업의 생산량보다 노동자의 건강이 더 우선시되는 실 질적인 노동시간 단축을 이뤄내야 한다.

노동자는 원하는 시간에 일할 수 있어야 한다. 기업이 원하는 대로 노동시간이 배치되어서는 안 된다. 국제노동기구의 '좋은 노동시간'의 기준에 따르는 노동시간의 배치는 "건강해야 하고, 가족 친화적이어야 하며, 성별 평등을 증진시키는 것이어야 하고, 기업의 생산성을 높이는 한편, 노동자가 스스로 노동시간을 선택하고 영향력을 가질 수 있어야 한다"는 것이다.* 더 큰 이윤을 위해 노동자가 교대로 일하고 밤새워 일해서는 안 된다. 당연하게도 노동시간을 선택하는 것은 노동자여야 하지 기업이 되어서는 안 된다.

　　노동자가 자신의 필요에 따라 노동시간을 조정할 수 있으려면, 노동자가 일터에서 힘을 가져야 한다. 우리는 노동시간에 대한 다양한 상상력을 펼치면서 이윤이 아닌 노동자의 행복한 삶을 위해 노동시간에 대한 선택권과 결정권을 가질 수 있도록 함께 힘을 모아가야 한다. 불가능할 것도 없다. 이미 노동자들은 단결된 힘과 투쟁으로 노동시간 단축을 이뤄온 역사적 경험이 있다. 그러니 이제 노동자가 원하는 시간에 일하고, 그 시간의 주권을 가지기 위한 싸움을 새롭게 시작해나가기만 하면 된다.

　　　　　　　　　　　　안명희_전국불안정노동철폐연대 비상임집행위원

*　노동시간센터 외, 《우리는 왜 이런 시간을 견디고 있는가》, 코난북스, 2015, 172쪽.

모든 권력에서 배제된 노동자들

콜센터 노동은 멈추지 않는 컨베이어벨트 노동입니다

하나의 콜이 끝나고 '저장 후 대기' 버튼을 누르면 다음 콜을 알리는 벨소리와 함께 화면에는 새로운 고객 정보가 뜹니다. 정해진 휴식 시간을 제외하고는 계속해서 멈추지 않고 다음 고객을 응대합니다. 점심 시간과 휴식 시간은 입사 전부터 이미 정해져 있었습니다. 그리고 콜 집중일에는 그마저도 제대로 사용하지 못하기 일쑤입니다. 응대율을 맞추기 위해 콜 집중일에는 노동자들의 휴식 시간과 점심 시간을 줄이기 때문입니다.

전사적관리시스템*에 의해 상담 노동자들의 현재 상태는 실시간 모니터링됩니다. 통화 중인지, 후처리 상태인지, 이석(자리를 비운 상태) 중인지 관리자의 모니터에서 실시간 확인이 가능합니다. 관리자는 자리에 앉아서 수백 명의 노동 과정을 감시할 수 있습니다. 노동자들 역시 그 감시 상태를 늘 인식하고 있습니다. 하루 통계, 주

---

* 전사적관리시스템은 기업의 모든 부문을 하나로 통합하여 관리하는 시스템으로서 ERP시스템이라고 불린다. 구매와 생산, 물류, 마케팅, 회계 등 업무 기능의 효율화를 추구하는 통합된 정보 시스템이다

별, 월별, 연도별로 통계치를 뽑는 것도 가능합니다. 그 과정에서 누적 콜 수, 누적 콜 시간, 후처리 시간과 휴식 시간 등이 모두 비교 수치로 추출되고, 1등부터 꼴등까지 한눈에 확인이 가능합니다. 회사는 실적표를 돌리면서 상담 노동자들에게 자신의 위치를 확인시키고, 상담 노동자들은 실적 하위자로 평가받지 않기 위해 스스로를 더 채찍질하면서 회사가 정해놓은 기준에 따라 쳇바퀴 돌듯 하루하루의 노동을 이어갑니다.

노동자들은 노동 과정에 개입할 수 없습니다

노동자들은 각종 결정 과정에서 배제되어 있습니다. 올해 응대율 목표치를 몇 퍼센트로 할지, 휴식 시간과 점심 시간 등을 어떻게 조정할지를 결정하는 과정에서 상담 노동자들은 개입할 수 없습니다. 응대율을 높이기 위해 점심 시간을 2~3시로 배치해도, 18~19시까지의 응대율을 끌어올리기 위해 출퇴근 시간을 변경해도 상담 노동자들은 결정된 스케줄에 따라 생활 리듬을 맞출 수밖에 없습니다. 타부서에서 수만 건의 대량 메시지를 발송해서 콜 양이 치솟아도, 시스템 장애로 인한 문의 전화가 폭주하는 상황이 되어도, 원인이 무엇인지조차 공유받지 못하고 상의 없이 진행된 상황들에 대해 아무런 의사 개진도 할 수 없습니다.

회사에서 일방적으로 제시한 응대율을 달성하기 위해 제대로 쉬지도 못하고 일할 뿐입니다. 응대율 목표가 현재 인입콜(민원 전화) 양이나 현재 상담사 인원과 대비해 적절한 목표치인지 여부를 판단할 수 있는 아무런 정보도 주지 않습니다. 다만 이번 연도 응대율 목표치를 맞추기 위해 열심히 일해야 할 뿐입니다. 그 목표치가 과연 현실적으로 달성 가능한지 여부를 제기하거나 판단할 권리는 주어지지 않습니다. 콜 양이 많은 날 떨어지는 응대율을 상쇄하기 위해, 콜 양이 적은 날 역시 응대율을 100퍼센트 가까이 끌어올려야 합니다. 그래야 한 달 평균, 1년 평균 응대율을 비로소 맞출 수 있습니다. 응대율이 지상 최대 과제로 등극합니다. 우리가 회사에 보여줄 수 있는 건 응대율밖에 없다고, 고로 상담 노동자는 열심히 콜을 받아 응대율을 높이기만 하면 된다고…….

업무에 대한 권한과 자율성이 없습니다

상담 업무는 신속하고 정확한 업무 전달과 함께 빠른 판단력이 필요합니다. 상담 업무는 많은 다양한 예외 상황에 원칙적이면서도 효과적인 대응을 해야 하고, 또 상황에 맞는 판단을 해야 합니다. 그러나 예외 상황에 대해 판단하고 실행할 수 있는 권한과 자율성은 상담 노동자에게 주어져 있지 않습니다. 직접 처리할 수 있는 업무라 해도 제신고* 권한이 주어져 있지 않아, 지점에 요청해서 단말 번호까지 불러주면서 부탁을 하기 일쑤입니다. 권한 하나를 가져오기 위해서는 몇 달을 해당 부서와 싸워야 합니다. 사고 발생 위험 때문에 제신고 권한 부여를 망설이는 본부 부서들을 설득하기가 쉽지 않습니다.

특히나 간접고용으로 일하고 있는 경우는 더합니다. 상황에 따른 기본적인 융통성조차 발휘할 수 없습니다. 원청에서 요구하는 기준과 스크립트대로 응대해야 하기 때문입니다. 원청에서 제시

---

* 각종 신고, 수신, 카드, 전자금융 등 상품을 가입할 때 특정한 조건으로 가입을 하게 되는데, 가입 당시의 조건과 다른 조건으로 변경을 요청하게 되는 경우가 있다. 그때 변경 사항을 처리하는 업무가 제신고 업무이다.

한 규정을 벗어날 수 없기에 사소한 문제를 가지고도 고객과 장시간 실랑이를 벌일 수밖에 없습니다. 고객이 규정에 대해 논리적으로 비판하고, 때론 욕설을 섞어가면서 따져 물어도 상담 노동자들이 대답할 수 있는 답은 정해져 있습니다. "고객님, 상황은 충분히 이해가 됩니다만 규정상 알려드릴 수 없습니다." "정말 죄송합니다만, 해당 서류를 지참해주셔야 업무 처리가 가능합니다." 콜센터는 규정을 만든 부서가 아니고, 또한 그 규정을 만든 원청이 아니기 때문입니다. 죄송하다는 말만 반복하다보면, 비아냥거림도 욕설도 감내해야 합니다.

상담 노동자에게 민원을 처리할 수 있는 권한을 주지 않습니다

이제는 고객들도 상담 직원이 권한이 없다는 것을 알기에 상급자를 찾습니다. "너랑 통화 못하겠어. 상급자 없어? 센터장 바꿔~ 은행장 바꿔~!!" 또한 그것이 상담 노동자를 무시하게 만드는 양날의 칼이기도 합니다. 그것도 못해주면서 거기 앉아서 하는 일이 뭐냐느니, CS교육을 그따위로 받았냐느니, 너 하나 잘라버리는 건 일도 아니라느니…… 권한이 없는 노동자는 상담 노동자를 무시하는 각종 공격에도 고객들에게 앵무새처럼 '불편을 드려 죄송합니다'만을 연발할 수밖에 없습니다.

특히 협력업체에서 일하는 간접고용 노동자의 경우 민원 처리는 더욱 어렵기만 합니다. 민원 발생 건수가 많을 경우 업체 재계약에 문제가 되기 때문에, 더더욱 상담 직원에게 참고 사과하라고, 부당한 요구조차 감내하라고 요구합니다. 상담 직원이 실수로 제신고를 잘못해도, 고객에게 내점해서 다시 제신고서를 작성해 원상태로 돌려놓을 것을 부탁해야 합니다. 지점에 요청해도 상담 직원의 실수로 인한 사유로는 정정 거래가 불가합니다. 상담 직원은 직접고용된 은행원이 아니고, 협력업체 직원이기 때문입니다.

회사가 요구하는 범위 이외의 교육을 시키지 않습니다

상담 업무를 단순 업무라고 명명합니다. 상담 노동자에게 회사에서 요구하는 업무 범위는 정해져 있습니다. 특히 간접고용 노동자들의 경우 더욱 그러합니다. 은행과 협력업체가 수신과 카드 업무 상담을 계약 조건으로 하면 수신과 카드 업무만을 교육합니다. 그리고 그 외의 업무에 대해서는 교육을 배치하지 않습니다. 그러나 은행에 전화하는 고객은 수신 업무를 질의하다가 대출 업무를 질의하기도 하고, 외환이나 퇴직연금 관련 상담을 요청하기도 합니다. 교육받지 않은 업무를 응대하는 것은 당연히 어렵습니다. 그래서 콜을 돌릴 수밖에 없습니다. 지점으로, 해당 업무 담당 부서로…… 그러면 타 부서에서는 상담 노동자들이 너무 기본적인 것만 질의한다고 불만을 토로합니다.

그러면서 상담 노동자들은, 특히 협력업체 상담 노동자들은 단순 업무만 가능하다고 딱지를 붙입니다. 그러나 고용 형태에 따라 업무 능력이 다른 것은 아닙니다. 다만, 고용 형태에 따라 권한과 업무 범위를 달리 지정하고, 차별적으로 권한을 부여하고, 교육 기회의 차등을 두면서 그것을 업무 능력으로 연관시켜버립니다. 상담 노동자들의 업무 능력을 과소평가하고, 단순 업무만을 담당하는, 단순 업무만이 가능한 노동자로 낙인찍어버립니다. 그 효과는 실제 현장에서 위력을 발휘합니다. 정규직이 비정규직보다 우월한 업무 능력이 있는 것으로, 협력업체 노동자들은 직접고용 노동자들에 비해 업무 능력이 떨어지는 것으로 인식하게 만들어버립니다. 그리고 그 속에서 차별은 정당화됩니다.

정보의 불균등, 권한의 불균등은 권력을 만듭니다

그 모든 권력에서 배제되어 있는 이들이 바로 비정규직 노동자들입니다. 그 불균등성을 기반으로 차별을 구조화하고 순응하게 만드는 시스템 속에 우리가 놓여 있습니다. "노동자는 노동권에 대해서 교육을 받을 권리가 있으며, 자신의 업무나 고용 등에 대한 각종 정보를 제공받고 기업의 노동 통제 구조에 개입하고 바꿀 권리가 있다"는 사회헌장이 콜센터에서 일하는 수많은 상담 노동자들에게 당연한 권리로 자리 잡을 날을 손꼽아 기다려봅니다.

서이수_금융센터 노동자

비정규직도 알 권리가 있다

노동자는 노동권에 대해서 교육을 받을 권리가 있으며,
자신의 업무나 고용 등에 대한 각종 정보를 제공받고
기업의 노동 통제 구조에 개입하고 바꿀 권리가 있다.

- 비정규직 없는 세상을 위한 사회헌장 제12조

노동자들이 자신의 업무와 고용에 관련한 각종 정보를 제공받고, 노동자들을 통제하는 구조에 개입하려면 '알 권리'가 핵심이다. 그런데 기업들은 노동자들이 알아야 할 권리를 '기업 경영상의 비밀'로 간주하여 철저하게 막는다. 노동자들은 기업 경영의 한 부분이고 대상으로 간주될 뿐이지 노동자를 기업의 한 주체로 인정하지 않는 것이다. 특히 노동자들이 인사나 경영에 개입하려는 투쟁에 대해 정부는 '파업권'을 인정하지 않음으로써 정리해고에 맞서는 투쟁이나 전환배치 등에 맞서는 싸움도 불법시하고 있다. 노동자는 기업의 한 주체로서 기업 경영을 제대로 감시하고 통제해야 하며, 그러기 위해서라도 '알 권리'가 있어야 한다.

왜 우리에게 정보를 제공하지 않는가

쌍용자동차의 경우 회사의 긴박한 경영상의 이유로 정리해고를 했다고 하는데, 노동조합은 그 긴박한 경영상의 위기가 무엇인지 알 수 없었다. 회사는 노동자들에게 왜 회사가 위기인지에 대한 정보를 제공하지 않았다. 정리해고에 반대하는 77일간의 파업 끝에 구속과 손해배상, 해고만 돌아왔을 뿐이다. 하지만 노동자들이 끈질기게 회사의 자료를 찾고 검토한 결과 '회계 조작'으로 경영상의 위기를 만들어냈다는 것이 밝혀졌다. 무려 28명의 목숨을 앗아간 잔인한 정리해고는 기업의 회계 조작에 의해 만들어진 것이다. 그런데도 노동자들은 이런 현실조차도 제대로 알 수 없었다.

개별로 해고당하는 비정규직 노동자들도 마찬가지이다. 화성시에서 방문 간호사로 일하는 한 노동자가 재계약에서 탈락했다. 화성시로부터 위탁을 받은 회사는 평가 점수가 낮기 때문에 재계약이 되지 않은 것이라고 주장했다. 하지만 평가를 했다고 하는 방문자에게 일일이 전화를 걸어서 확인한 결과 그런 평가를 한 적이 없다는 답을 들었다. 하지만 이 노동자는 소송에서 패소했다. 노동자가 직접 자신이 평가 점수가 낮지 않다는 점을 증명해야 하는데, 모든 정보를 회사가 갖고 있는 상황에서 어떻게 증명을 할 수 있겠는가. 대부분의 기업들은 노동자들을 재계약에서 탈락시킨 평가 결과를 공개해달라는 요구에 응하지 않는다. 비정규직 노동자들은 자신의 삶을 결정하는 문제에서 철저하게 소외되어 있다.

외주화 과정도 마찬가지이다. 지금도 기업들은 소위 '비핵심 업무'라는 이유로 각종 업무를 외주화하고 있다. 그런데 왜 그것이 비핵심 업무인지는 이야기하지 않는다. 서울대병원에서 외주화되어 있는 시설 관리 업무의 경우 '필수 유지 업무'로 지정되어 파업도 할 수 없다. 필수 유지 업무인데 비핵심 업무라고 이야기하는 것은 모순일 수밖에 없다. 특정한 업무를 외주화하는 것이 얼마나 비합리적으로 이루어지는지를 알 수 있는 부분이다. 그런데도 기업들은 인사경영권이라는 이유로 노동자들이 왜 이 업무를 외주화하는지를 알려달라는 노동조합의 요구를 수용하지 않았다.

정부는 무기계약직으로 전환한 노동자들에 대해 '무기계약직 관리 규정 표준안'을 만들고 그 안에 성과 평가 및 보상과 해고, 교육 훈련에 관한 기준을 제시하겠다고 한다. 무기계약직 노동자들에 대해서는 유난히 성과 평가를 강조한다. 그런데 경영 자문 회사에서도 공공연하게 이야기할 정도로 성과 평가는 매우 주관적일 수밖에 없다. 비정규직 노동자들에 대한 성과 평가는 노동자들의 임금을 결정하는 매우 중요한 요소이지만 평가의 기준도 제대로 공개되지 않고 평가의 방식과 내용도 매우 주관적이다. 결국 이런 평가가 노동자들을 통제하는 수단으로 활용되고 있는 것이다.

노동자들은 자신의 노동조건과 업무에 영향을 미치는 요소들에 대해서 알아야 하며 왜 내가 해고되어야 하는지, 왜 재계약을 하지 않는지, 왜 임금을 깎아야 하는지, 왜 내가 전환배치되어야 하는지, 왜 외주화를 하는지 알고, 이것에 대해 문제 제기하고 통제할 권한을 가져야 한다.

노동자들의 힘으로 기업을 견제할 수 있어야

반도체 노동자 건강권을 지키기 위해 노력해왔던 이들은 '유해 위험 업무'에 대한 정보가 철저하게 공개되어야 한다고 주장한다. 이것을 기업의 '경영권'이라는 이름으로 합리화할 수 없다고 주장한다. 그동안 삼성전자에서 희귀난치성 질환으로 사망한 노동자들의 권리가 이렇게 정보를 공개하지 않는 기업에 의해 침해되었기 때문이다. 물론 아직은 '알 권리'가 사회적으로 확장되지 않았지만 노동안전보건을 담당하는 노동자들이 꾸준하게 '알 권리'를 갖고 싸우는 것은 매우 큰 의미가 있다.

지금도 기업은 노동자들을 통제하기 위해서 위계를 만들고 차별을 한다. 어떤 것은 핵심 업무라고 주장하고, 어떤 것은 중요 업무라고 주장한다. 하지만 도대체 어떤 것이 핵심이고 어떤 것은 아닌지를 설명해주는 이들은 없다. 왜 노동자들에 대해서 이렇게 차별을 하는지에 대한 합리적 설명도 하지 않는다. 당연하다. 모든 차별과 위계는 노동자들을 통제하기 위해서 만드는 것이므로 '합리적'이라는 말은 성립하기 어렵다. 중요한 것은 노동자들이 이런 현장 통제에 개입하지 못하기 때문에 기업의 차별에 순응하고 그것이 당연한 것처럼 인식하게 된다는 것이다. 노동자들이 인사와 경영에 대해 정보 공개를 요구할 뿐 아니라 노동자들이 직접 통제할 수 있는 권한을 갖기 위해서 노력하는 것은 너무나 당연한 일이다.

그런데 정부는 노동자들의 이런 권리 행사를 방해한다. 2015년 고용노동부는 '단체협약'에 '인사 경영권에 대한 과도한 개입'을 하는 경우 시정조치를 명령하도록 하겠다고 밝히면서 단체협약에서 노동자들을 함부로 해고하지 못하게 하거나 함부로 전환 배치하지 못하도록 하는 내용에 대해 시정조치를 요구한 바 있다. 이런 정부의 제도적 방해와 기업의 버티기를 뚫고 노동자들이 인사 경영에 대해 알고 감시할 권리를 갖기 위해 노력해야 한다.

그동안 노동자들은 기업의 정보에 대해 알고 통제하기 위한 노력을 많이 기울이지 못했다. 그런 권리의 행사는 '불법'으로 간주되었기 때문이다. 1990년대 초반 잠시 '기업 경영 참가' 운동이 시작되기도 했으나 이것은 노동자들의 대안이 되지 못했다. 노동자를 기업경영의 한 주체로 인정한다고 말은 했으나 현실에서는 '우리 사주 운동' 등이 되어 노동자들이 기업의 흥망성쇠와 자신을 일치시키고 더욱 기업에 순응하는 결과를 낳았기 때문이다. 그런데 '알 권리' '통제할 권리'는 노동자들이 직접 경영에 참여한다는 의미만이 아니라, 기업경영에 대해서 노동조합이 견제하는 힘을 가져야 한다는 의미이다. 노동자들의 집단적 힘으로 기업을 견제할 수 있어야 노동자들의 권리도 보장되고 기업의 사회적 책임도 다하도록 만들 수 있다.

알 권리가 있어야 기업의 해악을 견제할 수 있다

앞서 이야기한 화성시 방문 간호사는 위탁업체가 비용 절감을 위해 취한 조치들이 결국 지역 노인들의 간호를 제대로 하지 못하게 만든다고 생각하여 지속적으로 문제 제기를 했다. 그것이 결국 재계약에서 탈락한 사유였다고 생각하고 있다. 하지만 그 노동자는 회사 정보에 접근할 권한이 없어서 회사의 주장을 반박하지 못했고 결국 소송에서 패소했다. 그런데 이로 인해 노동자만 고통을 겪는 것은 아니다. 방문 간호가 제대로 이루어져야 혜택을 볼 수 있는 지역의 노인들에게 고통이 전가될 수밖에 없는 것이다. 노동자들에게 알 권리가 있어야 그 기업이 사회에 대한 역할을 제대로 할 수 있다.

정부는 철도를 민영화하려고 했다. 그런데 이러한 민영화에 반대하여 하는 파업은 인사 경영권에 대한 침해라는 이유로 불법화되었다. 온 국민에게 영향을 미치는 중요한 결정에 대해서, 노동조합의 파업권을 인정하지 않는다면 공공 부문은 결코 공공성을 지키지 못할 것이다. 노동자들은 단지 자신의 노동조건을 위해서만이 아

모든 노동에 바칩니다

니라 그 회사가 사회에 기여하게 하고 사회에 해악을 끼치지 못하게 하기 위해서도 파업을 할 수 있어야 한다. 그렇지 않다면 그 기업의 해악을 견제할 장치가 없어지는 것이다.

기업들의 외주화도 마찬가지이다. 서울대병원에서 전산 업무를 외주화하려고 시도했을 때 노동조합은 '환자들의 정보를 다루는 중요한 업무'라는 점에서 반대했다. 환자 급식을 외주화하려고 할 때에도 '환자 급식은 치료의 일환이므로 안 된다'고 반대했다. 사회적으로도 중요한 업무에 대해 병원이 일방적으로 '비핵심 업무'라고 이야기할 때 노동조합이 제대로 대응을 했기 때문에 환자의 정보가 새나가는 것을 막고 환자들의 치료식이 이윤의 도구가 되는 것을 막을 수 있었다. 노동자들이 불법이라는 비난을 무릅쓰고 인사 경영에 제대로 개입하겠다고 맘먹지 않는다면 사회적 책임을 다할 수 없었을 것이다. 노동자들이 인사 경영에 개입하는 것은 그래서 중요하다.

삼성전자에서 희귀난치성 질환으로 사망한 노동자들의 유가족들은 삼성전자를 상대로 길고 긴 싸움을 하고 있다. 모든 정보는 삼성이 쥐고 있는 채 노동자들에게 그 정보를 공개하지 않고 있다. 노동자들이 다루는 화학 물질이 어떤 것인지 제대로 알려주지도 않은 채 일하게 함으로써 사망에 이르게 했지만 노동자들은 이 문제를 해결하는 과정에서도 삼성의 비공개 태도 때문에 고통을 받고 있다. 그런데 문제는 삼성전자의 이런 태도가 단지 노동자들에게만 고통을 주는 것은 아니라는 점이다. 동탄에 있는 삼성전자에서 불산 누출 사고가 있었다. 이러한 유해 화학 물질이 다뤄지고 있다는 것을 주변 지역민들은 알지 못했다. 만약 이 누출 사고가 매우 크게 벌어졌다면 주변 지역민들에게도 큰 해를 끼쳤을 것이다. '영업 비밀'이라는 이유로 정보가 공개되지 않는 현실은 노동자들에게만 해를 미치는 것이 아니라 지역 주민들에게도 큰 해를 끼친다. 따라서 노동자의 '알 권리'는 기업의 공공성을 지키는 길이기도 하다.

김혜진_전국불안정노동철폐연대 상임집행위원

빼앗긴 노동자, 문화라는 무기

작동유와 안전화 발자국으로 더럽혀진 생산일지가 현장 바닥에 납작하니 붙어 있다. 버리려고 집어 들었더니 그 뒤편에 한 사람이 들어 앉아 있다. 골이 깊은 동네에서 태어난 그네는 부모님 이름만은 정성들여 곱게 썼고, 사교적이라고 했지만 어째 여러 차례 직장을 옮겼다. 흑백으로 복사된 얼굴은 잘 보이지 않고, 입가에 띤 웃음은 어색하다. 한 젊은 노동자의 이력서가 그렇게 이면지로 쓰였다가 버려져 있었다.

이면지로 쓴다는 건, 이미 이 사람의 정보가 가치가 없다는 뜻이다. 챙겨둘 필요가 없고, 중요하지 않다는 뜻이다. 노동자 개인의 소중한 기록은 하찮은 것이 되고 그의 기억과 삶도 덩달아 더럽혀지는 것만 같다.

먼지를 몇 번 털어내고, 구겨진 귀퉁이를 손끝으로 눌러 주머니에 넣었다. 그네를 찾는다고 건넬 수도 없고, 건넨다고 좋아할 리 없는 종이쪽. 공단 노동자의 이력 같은 건 이면지로 쓰여도 좋은 걸까. 아니 어쩌면 노동자의 삶이 이면지 비슷한 것이 아닐까.

공장장은 이렇게 대답한다. "그래, 관리자들이 강제로 잔업특근을 시키더라도 너그럽게 승낙해라! 주말에 뭐 할 게 있느냐.” 앉아 있던 모두가 이면지 종이쪽처럼 와삭 구겨지는 순간이다. 무시와 협박, 폭언…… 빼앗아도 잠자코 빼앗기라는 말. 그 말 속에 버려진 젊은 노동자의 이력서가, 우리의 체념과 공포가, 우리의 정체가 스며들어 있다.

어느새 코앞에 나타난 부장의 혀는 더 요사스럽다. “토요일 야간 특근이 끝나면 일요일 하루 종일 자지만 말고, 건강관리들 좀 해.” 건강 운운했다고 특별할 건 없다. 월요일 생산에 차질을 빚을지 모르니 결원이 생기지 않도록 노동력을 잘 보존하라는 뜻이다. 그것 말고는 아무것도 해서는 안 된다는 듯, 부장은 종이쪽처럼 무심한 우리 얼굴을 들여다본다.

잔업이 끝나고 퇴근해 다음날 출근하기까지 먹고 싸고 자는 시간을 빼면 남는 시간이란 없다. 우리에게 하루하루 주어지는 시간이란, 살아 있는 것들이 내일 또 살아 움직이는 데 필요한 최소한의 시간. 자정이 되면 부리나케 이불을 뒤집어써야 하는 우리가 무얼 더 할 수 있을까. 매일 반복되는 시간표가 지루하기는 해도 익숙해졌고, 별 탈 없는 조용함이 안정적이라는 생각마저 든다. 물론 우리가 그리는 삶에도 문화에 대한, 자기계발에 대한 기대와 욕구가 들어 있었다. 넘치게 풍요롭지는 않아도 다만 약간의 여유가 있다면 빈 컨베이어를 보내며 생각했던 것들을 할 수도 있으리라. 외국어 배우기나 요리사 자격증 같은 것을 얘기했던 이들. 시간이 지나 그네들은 이제 이렇게 말한다.

“아니, 그런 걸 어떻게 해?”

주말을 내놓지 않던 이들, 우리가 서로를 챙겨주지 못하는 사이 그네들은 외따로 창고 같은 데 끌려가거나, 몇 차례 관리자에게 불려갔다. 무시와 비아냥거림, 협박을 당하고 나면 공단에서 노동자로 일하면서 그런 것들을 꿈꾸는 게 불가능하다는 걸 확인하고 만다. 버티는 건 보름을 채 못 넘긴다. 결국 주말 특근 명단에 이름이 올라간다.

　강요되는 잔업·특근으로 인한 시간적 제약 말고도, 공장과 공단이라는 공간 역시 우리를 제한한다. 17년 만에 퇴사하는 한 노동자에게 동료들은 말했다. "무슨 중죄를 저질렀기에 17년 만에 출소야?" 노동자들에게 공장은 감옥이나 다름없다. 상층 관리자들은 곧잘 간수라고 불리며, 퇴사나 해고는 곧 출감이다. 감옥은 몸을 구속하는 공간이다. 자유로운 이동이 불가능하다. 대다수의 노동자들 역시 휴게 시간에도 돌아가는 설비를 보기 위해 작업장을 떠나지 못한다. 점심 시간에 공장을 나선다고 해도 소용없기는 마찬가지다. 공장을 지나면 또 공장뿐인 공단의 환경은 결국 다시 작업장으로 돌아가게 만든다. 얼마간 운동장을 돌며 햇볕을 쪼이다가 자기 방으로 들어가는 죄수들처럼 다시 작업장으로 들어올 수밖에 없는 노동자들이, 제가 일하는 공장을 감옥이라고 부르는 건 이상한 일이 아니다.

　도서관이나 영화관, 극장은 너무 멀리 있거나, 우리에 대해서 무감각하다. 공장 그 어느 담벼락에도 공연 포스터가 붙지 않고, 어느 길목에도 도서관이나 문화시설의 홍보 전단이 꽂히지 않는다. 맞은편 칠 벗겨진 담벼락에는 무수한 지게차 임대 광고 스티커만, 하수구 뚫는다는 전화번호만 아무렇게나 붙어 있을 뿐이다.

　그럼에도 계속 꿈을 꾸는 사람들은 있다. 어두운 통근버스에

짐승처럼 등을 구부리고 있는 이의 어깨를 일으켜본다. 애거사 크리스티다. 노동자가 책을 읽는다는 것이 무슨 큰 잘못이라고 잔뜩 웅크리고 읽고 있다. 그네는 무언가 들키기라도 한 것처럼 어색한 낯빛으로 추리소설을 좋아한다고 말했다. 일렉트로닉 음악을 하고 싶어 하는 아무개는 아직 고가의 장비를 살 수는 없어서 스마트폰 어플을 가지고 만지작거리는 수준이지만, 항상 어깨가 들썩인다. 그네는 대중가요부터 인디언 음악까지 가리지 않고 듣고, 좋은 건 어디에나 있다고 말했다. 점심 시간에 식판을 앞에 놓고 가만히 앉아 있더니 식판 부딪히는 소리가 듣기 좋다고도 했다. 나는 그네를 한참 쳐다보았다. 예쁜 말이었다.

　관리자들의 무시와 강요, 이미 포기해버린 이들의 괴팍한 시선을 견뎌가며 조용히 자기 꿈을 지켜내는 노동자들. 왠지 그네들은 주어진 현실에 맞서 싸우고 있거나 버티고 있는 것처럼 보였다. 우리는 그네들이 넘긴 책장만큼, 그네들이 새벽에 들은 음악만큼, 그러면서 혹 느꼈을 감동과 기쁨만큼을 그네들에게 빚지고 있는 게 분명하다.

　놈들이 저녁과 주말을 빼앗는 이유는 우리를 통해 더 많은 이윤을 남기기 위해서다. 그러나 우리는 시간만 빼앗기는 것일까. 빼앗긴 그 시간 동안 우리가 도서관이나 영화관, 극장이나 거리의 가설무대 아래에 있었다면. 그때 우리는 노동자로서 스스로의 가치를 발견할 수도 있지 않았을까. 무시당하고 버려지거나, 강요당하고 또 억눌려 있는 현실에 대해, 그 원인에 대해 놀라고 분노하게 될지도 모를 일이다. 해방과 해방감에 대해 알게 되고, 그러기 위한 방법을 찾게 될지도 모른다. 그러니까 시간을 빼앗긴다는 것, 문화에 대해

접근할 수 없다는 것은 우리의 분노와 그 분노를 벼릴 무기를 빼앗기는 것이기도 하다.

부장 놈은 우리 얼굴을 들여다보며 그런 걸 읽으려고 했는지도 모른다. 도서관에서 혹시 먼지가 뭉친다는 시구를 읽지는 않았는지, 주말에 공연장에 가서 브리티시 헤비메탈 같은 걸 듣고 영국 노동자의 망령이 깃들진 않았는지, 브레히트의 연극을 올리는 어떤 극단의 배우가 노동자를 교육하는 건 고문이라고 읊은 걸 기억하고 있지는 않은지. 그래서 날 선 쇠꼬챙이 같은 게 얼굴에 어려 있진 않는지.

시와 노래, 그림과 극, 춤과 잔치, 굿이나 놀음, 무언가 심고 기다리기, 새끼를 길러내기. 이것들을 위한 쓰고 읽고 배우고 만드는 온갖 공들임. 그러다 만나는 사람들과 짝을 짓고 패를 만드는 일, 나를 비롯해 짝이나 동무의 가치를 발견하는 일, 혹은 차이를 좁히지 못하고 다투는 일. 그래서 또 더욱 돈독해지고 뭉클해지는 일까지. 이 모든 걸 문화라고 한다면, 적어도 우리들에게는 그것이 문화이면서 무기이기도 하다.

그러나 억눌린 자들에게 어떤 착하고 명청한 지배자가 순순히 무기를 내주겠는가. 버티고 싸우는 수밖에 없다. 우리가 싸우지 않고 얻어낼 수 있는 게 있던가.

박춘서 반월시화공단 노동자

풍요로운 문화생활을 누릴 권리가 있다

노동자는 풍요로운 문화생활을 누릴 권리가 있다.
책을 읽거나 음악을 듣거나 사람들과의 관계를 형성할 수 있도록
시간과 공간이 제공되어야 한다.

- 비정규직 없는 세상을 위한 사회헌장 제16조

풍요로운 문화생활을 누리는 삶이란 어떤 것일까? '문화'라는 말의 의미가 광범위하고 포괄적인 만큼 각자 떠올리는 풍경이 다를 것이다. '삶의 질'이나 문화적인 생활의 수준에 대한 판단은 주관적인 기준이 크게 작동하는 부분이기도 하다. 남이 보기에는 여유가 없는 것 같은데 정작 당사자는 그렇게 느끼지 않을 수도 있고, 당장의 심리적인 여유보다 훗날의 안정된 생활이 중요한 사람도 있을 것이다. 그러나 대다수 비정규직 노동자들은 풍요로운 문화생활과는 거리가 먼 삶을 살아가고 있다.

각종 통계가 보여주는 양극화

통계청이 매년 발표하는 〈한국의 사회지표〉의 문화·여가와 나눔 항목 답변을 통해 관련 현황을 대체적으로 유추해볼 수 있다. 2015년의 통계 결과를 보면, 시민들이 여가 시간에 주로 하는 활동에 대한 복수응답으로 TV 시청(69.9퍼센트), 휴식(50.8퍼센트), 컴퓨터 게임·인터넷 검색(19.0퍼센트) 등이 다수를 차지했지만 향후에는 국내외 여

행·캠핑 등 관광 활동(59.4퍼센트), 문화예술 관람·참여(43.4퍼센트), 취미·자기개발 활동(34.2퍼센트) 등을 하고 싶어 하는 것으로 나타났다. 한국관광공사가 매년 펴내는 〈국민 여행 실태조사〉 결과를 보면 2015년의 경우, 국내 여행을 하지 않은 주요 이유는 여가 시간 및 마음의 여유 부족(48.5퍼센트), 경제적 여유 부족(20.1퍼센트), 건강상의 이유(17.6퍼센트) 등의 순으로 나타나고, 이는 전년도의 조사 결과 순위와 동일하다. 서울시의 '통계로 본 서울 시민 여가·문화생활'은 좀 더 구체적이다. 만 15세 이상 서울 시민 주말·휴일 여가 활동 1위는 TV(DVD) 시청이 44.6퍼센트로 절반 가까이 된다. 희망 여가 활동 1위는 여행이지만 실제 차지하는 비중은 12퍼센트에 불과했다. 여가 활동에 불만족스럽다는 24.6퍼센트의 응답 중 가장 큰 이유는 경제적 부담이 62.1퍼센트, 시간 부족이 20.2퍼센트로 앞선 통계 결과들과 유사한 경향을 보인다.

　　범위를 좁혀 집중하면 좀 더 신랄한 현실이 드러난다. 2014년 반월시화공단 노동자 권리 찾기 모임 '월담'이 공단 노동자를 대상으로 진행한 실태조사에서 여가 활동과 관련한 몇 가지 질문을 건넸다. 퇴근 이후나 휴일에 주로 뭘 하며 보내는지에 대한 질문에 응답자의 반 이상이 수면·TV 시청·인터넷·육아 등 집안일로 보낸다고 답했고, 다음으로 친구나 동료 만남(술·커피·대화 등), 문화 활동(영화·연극 등 관람), 여행, 체육 활동, 가족·친지 행사 참여, 자기계발 등의 순으로 나타났다. 앞으로 더 하고 싶은 활동으로는 여행과 동호회 활동, 문화 활동, 자기계발 등이 높은 비중을 차지했지만, 실제로 이것들을 하기 어려운 이유로는 단연 경제적 부담(49.6퍼센트)과 여가 시간 부족(31.4퍼센트)이 꼽혔다.

이러한 통계 결과들은, 전반적으로 시간과 돈의 문제 때문에 원하는 문화생활과 여가 활동을 제대로 할 수 없는 현실을 보여준다. 그리고 개인의 소득 수준과 사회적 지위에 따라 양극화되는 양상을 보인다. 위의 실태조사에 응답한 반월시화공단 노동자들의 주당 평균 노동시간은 48.3시간으로 통계청의 경제활동인구조사 부가조사의 평균치인 41.7시간보다 7시간 정도 길었다. 2013년과 2016년의 실태조사에서는 주당 평균 노동시간이 50시간 이상이었고, 다른 여러 조사를 통해서도 공단 노동자의 장시간 노동은 일상적으로 이루어진다는 걸 확인할 수 있다. 2014년 조사 결과로 나타난 임금 수준은 60퍼센트의 응답자들이 월 200만 원 이하에 집중되어 있었고, 2013년과 2014년 모두 평균임금은 200만 원 남짓이었다. 저임금과 장시간 노동으로 살아가는 수많은 노동자들에게 문화활동이니 여가 생활은 언감생심이다.

문화를 누릴 권리와 노동자의 힘

이제는 '전설' 같은 이야기로 들리지만, 불과 20~30년 전까지만 해도 현장에는 '노동자 문화'라고 불리는 계급적이고 집단적인 문화 양식이 있었다. 1987년 여름 노동자대투쟁 이후 전국 곳곳의 사업장에서 노동조합이 결성되었다. 권리의 주체가 된 노동자들은 자신들이 가진 힘을 발휘하며 현장의 질서를 새롭게 만들고 공동체 의식에 기반을 둔 노동과 생활을 새롭게 조직했다. 군대와 다름없는 규율로 작업은 물론 개인의 삶까지 옭아매던 공장에서 노동자들은 계급적 각성을 통해 자신들에게 내재된 집단적인 힘을 되살려냈다. 그리고 이는 노동자 문화예술 영역을 넘어 삶의 영역까지도 영향을 미쳤다. 일만 하던 노동자들이 각자의 장기를 살려 노래를 부르고 춤을 추고 그림을 그렸고, 이러한 활동은 노동자계급에 대한 공동체적 자각과 투쟁의 의지를 고양시키는 중요한 기제가 되었다.

문화적 권리를 현실화하는 또 하나의 조건은, 노동자들이 자유롭게 모이고 활동할 수 있는 물리적 공간의 존재 여부였다. 노동조합 사무실은 일상적인 교류와 문화 활동을 전개할 수 있는 물리적 기반이 되었다. 필요한 일을 함께 도모할 수 있는 안정적인 공간 확보는 자생적으로 발현되는 다양한 욕구를 발전시킬 수 있는 바탕이기도 했다. 경쟁과 소비 이데올로기가 만연한 지역 사회에 생겨난 노동자 문화 공간은, 공동체적이고 자율적인 노동자 문화를 전파하는 매개로서 지역의 문제에 개입하고 작은 변화를 이끌어내는 기능을 하기도 했다.

하지만 그러한 시기는 짧았다. 1990년대 중반 이후, 특히 외환위기를 거치며 노동운동은 과거에 지녔던 집단성과 주도성을 거의 상실했다. 이후 평균 10퍼센트 내외, 전체의 절반을 차지하는 비정규직의 경우 2퍼센트도 안 되는 노동조합 조직률이 유지되고 있다. 단일한 사업장에서 일하는 노동자들이 각기 다른 고용 형태로 나뉘고 고용 불안정은 갈수록 심화되는 중에, 노동조합에 대한 정부와 자본의 공격은 오히려 거세졌다. 노동자의 문화적 권리 수준 역시 노동자의 힘의 퇴조와 함께 후퇴하기 시작했다.

1990년대 중반 이후부터는 전국에 '근로자종합복지관'이 건립되기 시작했고, 지역 사회 주민의 대다수를 차지하는 노동자와 그 가족을 위한 유일한 공적 공간으로 기능하기 시작했다. 하지만 기관마다 약간의 차이는 있을지언정, 대개는 천편일률적인 프로그램 운영과 사설 기관보다 약간 낮은 비용으로 각종 교육·훈련 서비스를 제공하는 것으로 역할이 국한되어 있다. 성과에 대한 양적 평가를 통해 위탁 운영되는 근로자종합복지관은, 과거 노동자들이 분출했던 자발성과 문화적 욕구를 수렴할 수 없는 구조로 정착되었고 실제적인 노동과 삶의 문제를 담보하지 못한 채 진정한 노동자들의 공간으로 자리매김하지 못했다.

2008년 서울 마포에서 처음 문을 연 민중의 집은, 대안적인 생활정치와 공동체성 회복을 위한 실천을 통해 지역과 노동의 외연 확대를 시도한 예다. 지역 차원의 불안정 노동자 조직화와 진보정당의 풀뿌리 전략을 결합하는 활동을 통해 노동조합의 지역 개입을 촉진하고, 다양한 사회연대 네트워크를 구축해 운동의 새로운 주체를 형성하기 위해 노력해왔다. 2010년 이후 현재까지 서울의 중랑과 구로, 은평, 강서·양천 및 광주광역시와 인천광역시 서구 지역에 문을 열었고, 지역 특성에 맞는 사업을 진행하고 있다. 그러나 출범 초기의 문제의식이 큰 결실을 맺지는 못하고 있는 것이 현실이다. 이는 하나의 단위가 고군분투하는 것으로, 이미 전면화된 불안정 노동과 그로 인한 노동과 삶의 문화가 부재하는 현실을 역전시키기 어려운 한계를 보여주는 것이라고 할 수 있다.

노동자 문화를 살리는 길

노동자대투쟁 이후 한 세대가 흐른 지금, 집단성은 해체되고 노동자 개인은 개별화되어 각자 살아남기에 급급한 상황이 되었다. 한때 '노동자'라는 이름을 수식했던 생산의 주역이며 세상의 주인이라는 자부심은, 오직 자신만을 생각하며 먹고살기에도 급급한 현실만큼

이나 바닥으로 떨어졌다. 한 공장에서 일해도 정규직과 비정규직이 나뉘고, 비정규직은 또 복잡하고 다양한 고용 형태로 나뉘고, 공단에 만연한 파견은 함께 일하는 동료의 이름조차 묻지 않는 현장을 당연한 것으로 만들어버렸다. 파편화된 관계는 전반적인 노동조건의 추락과도 짝을 이룬다. 노동자의 절반 이상이 비정규직이고, 저임금과 장시간 노동으로 내몰린 삶은 생존만을 목적으로 하는 것인 양 변질되었다.

이렇게 일하며 살아가는 대다수 노동자에게 휴식과 문화생활은 TV이고 스마트폰이고 잠이다. 한편 잠시 일에서 놓여나는 시간의 다른 말에 불과한 휴식과 문화생활조차도 사회에 만연한 경쟁 이데올로기와 무의미한 소비 지향의 대중문화에 잠식되었다. TV를 켜면 현실과 동떨어진 드라마나 연예인들의 화려한 사생활로 가득하고, 영화라도 한 편 보려면 어디나 다르지 않은 휘황한 멀티플렉스를 피할 수 없으며, 큰 맘 먹고 나서는 여행길은 가벼운 주머니 탓에 흔쾌하지 않다. 보여지고 주어지는 문화, 거부할 수 없는 환경이 되어버린 자본의 텃밭에서 노동자들은 다른 선택을 할 여지가 별로 없다.

그러나 지금의 노동자들에게 문화적인 삶, 인간다운 삶을 살고자 하는 의지가 없는 것은 결코 아닐 것이다. 2013년 공공운수노조서경지부·비정규직없는세상만들기네트워크·전국불안정노동철폐연대가 함께 펴낸 소책자《저임금을 양산하는 임금체계, 어떻게 대응할 것인가?》작업을 위한 집담회에 참여한 청소 노동자들이 임금이 오르면 하고 싶은 일을 묻는 질문에 첫 번째로 꼽은 대답은 여행이었다. 끊임없이 노동권을 축소시키고 노동조건을 하향 평준화

시켜온 정부와 자본에, 제대로 대항하지 못한 결과로 대다수 노동자들이 오늘의 현실을 감내하고 있을 뿐, 여전히 문화생활에 대한 욕구를 품고 있는 것이다.

　이전의 노동자들이 자신들의 힘으로 쟁취한 권리 위에서 생동하는 '노동자 문화'를 조직하고 향유할 수 있었던 것은, 노동조건을 대폭 개선할 수 있었기 때문이다. 구조화된 저임금 속에서 생활에 필요한 소득을 얻기 위해 장시간 노동을 할 수밖에 없는 지금의 현실을 바꿀 수 있어야 누구에게나 보장되어야 할 문화적 권리도 향유할 수 있을 것이다. 우리는 일만 하면서 단지 연명하는 삶이 아닌, 욕구에 따라 문화적인 권리를 누리고 주변 사람들과의 관계 속에서 친밀함과 자존감을 확인하며 살아갈 수 있는 변화의 기반을 마련해야 한다.

신순영_전국불안정노동철폐연대 상임집행위원

치열할수록 커진 연대!

기륭전자가 파견 노동을 시작한 건 2002년이다. 이전에 정규직의 경험을 가지고 있던 노동자들이 재취업하면서 파견 노동자로 들어왔다. 초기엔 당사자들도 파견이 뭔지 몰랐고, 회사는 도급 직원이라 불렀다. 기륭전자 작업복을 입고, 기륭전자 관리자의 업무 지시를 받으며 정규직과 똑같이 일하는데 임금은 절반, 노골적으로 무시하고, 실업자가 줄었다며 협박하면서 수시로 해고하는 것을 보면서 이렇게는 못 살겠다고 노동조합을 만들었다.

노조는 불법파견 진정을 했고, 노동부와 검찰은 불법파견이라 인정했다. 도급 직원은 파견 노동자였고, 제조업에 파견 노동자는 불법이었다. 회사는 불법파견에 대해 사과하고 정규직으로 전환하기는커녕 비정규직 노동자들을 전부 해고했다. 이뿐만 아니라 몇 명 되지 않는 정규직 노동자마저 반강제적 사직서를 받고, 4개의 생산라인을 쪼개 정규직과 비조합원 비정규 노동자들을 완전히 나누어놓았다. 당시 노무현 정부의 노동부가 불법파견 시정조치로 '진성도급''을 하라고 했고, 회사는 마치 진짜 도급인 것처럼 생산 현장을 바꾸어놓은 것이다.

검찰은 불법파견 기소 결과 회사에 겨우 벌금 500만 원을 부과했다. 그리고 불법파견의 피해자인 우리들은 정규직으로 고용하라는 조항이 없다는 이유로 어떤 보상도 받지 못했다. 처음부터 우리는 법 밖의 존재들이었다.

억울했다. 불법파견을 했다면 당연히 입사했을 때부터 정규직이라고 간주해야 하는 것 아닌가. 하지만 우리는 부당해고 소송에서 지방노동위원회와 중앙노동위원회를 거쳐 대법원까지 모두 패소했다. 어차피 법이 우리를 보호하지 않는다는 것을 진작 알아버린 우리라 절망하지 않았다. 파견법은 악법이고, 비정규직 문제는 결국 법을 넘어서 싸울 수밖에 없다는 것을 투쟁 과정에서 깨닫고 있었다.

2006년 정리해고, 비정규 투쟁 사업장들이 모여 9박 10일 대정부 공동 투쟁을 벌였다. 투쟁을 할 수밖에 없었던 원인이자 투쟁이 장기화되는 이유가 결국 신자유주의이며, 신자유주의가 우리의 정리해고, 비정규직 문제를 양산했기에 사업장을 넘어, 현행법을 넘어 정부와 정치에 책임을 물을 수밖에 없다는 공감대를 만들었다.

우리도 처음부터 연대를 열심히 한 것은 아니다. 초기엔 "우리 문제도 해결 안 됐는데 어딜 가냐, 우리 문제 해결되면 가자"는 분위기였다. 집행부는 함께 싸워야 서로 힘낼 수 있다며 열외 없이 조합

---

* 기업들이 노동자들을 부려먹으면서도 중간에 하청업체를 끼워 넣어 고용을 분리시키는 것에 대해 법원은 '불법파견'이라고 판단했다. '도급'의 형식을 갖고 있지만 실제로는 '위장된 도급'이라는 것이다. 그러자 기업들은 법원의 '불법파견' 판결을 피하기 위해 정규직과 비정규직이 일하는 공간도 분리하고, 하청업체 관리자에게만 업무 지시를 하는 등 현장을 바꾸어놓았다. 이렇게 해놓고 '진성 도급', 즉 진짜 도급이라고 주장한 것이다. 그러나 이것 역시 '위장된 형태의 도급'일 뿐, 모든 권한이 원청에 있다는 점에서 불법적인 파견 행위에 불과하다.

원 전체를 연대 투쟁에 동참시켰다. 그러던 어느 날 구미에 있는 한국합섬 동지들이 사전 연락도 없이 기륭조합원 몇몇이 집회하는 장소에 찾아왔다. 그때 조합원들의 얼굴을 잊을 수 없다. 어찌나 좋아하던지. 노조를 만들고 점심 시간에 조합원 가입서를 받을 때의 감격이 떠오를 지경이었다.

그렇게 연대를 하고 연대를 받으며 서로 힘을 내는 과정이 되었고 사업장마다 차이는 있지만 문제의 본질이 같다는 것을 배웠다. 노동 현장뿐 아니라 철거민, 장애인, 성소수자들의 투쟁 현장에 연대를 가면서 그동안 몰랐던 많은 것들을 배웠다. 돈이 아니라 생명, 경쟁이 아니라 더불어 함께 사는 공동체의 가치를 배웠고, 싸우지 않으면 어떤 권리도 지켜지지 않는다는 것을 알게 됐다.

2006년 공동 투쟁 경험은 2007년 기륭전자 투쟁 2주년을 맞아 여성 비정규 4사(이랜드, 뉴코아**, KTX***, 기륭)가 함께 싸우자는 결심으로 이어졌다. 비정규직 문제는 한 사업장의 문제가 아니다. 비정규 노동자 중 여성이 70퍼센트를 차지하니 여성 노동자가 앞장서 비정규직 악법과 신자유주의에 맞서 투쟁해나가자는 선언이었다. 이후 이랜드-뉴코아의 현장 점거농성으로 비정규직 문제는 사회적

** 2007년 기간제법이 통과된 후 2년 이상 정규직화 조항을 피하기 위해 계약직 여성 노동자들을 해고하는 사건이 있었다. 이랜드와 뉴코아 노동자들은 매장을 점거하며 공동 파업을 했고, 전국의 많은 노동자와 시민들이 연대했다. 이랜드와 뉴코아 모두 1년이 넘는 투쟁 끝에 현장으로 복귀할 수 있었다.

*** 2004년 철도청은 KTX를 개통하면서 승무원을 채용했다. 승무원들은 1년 후에는 정규직으로 전환하겠다고 말한 철도청의 약속을 믿고 홍익회에 계약직으로 입사했다. 그러나 자회사로 소속만 바뀌고 노동조건은 나빠졌다. 노동자들은 약속을 지킬 것을 요구하며 파업에 돌입했으나 결국 이기지 못했고, 근로자 지위 확인 소송에서도 패소했다. 하지만 KTX 승무원들은 '안전 업무 정규직화'를 요구하며 14년째 싸움을 이어가고 있다.

으로 크게 확산되었다. 당시 기륭 조합원들도 연일 그 투쟁에 함께 했다. 이랜드 집회 현장에서 한 기자가 "기륭은 장기 투쟁하고 있는데, 이랜드-뉴코아만 집중 조명되고 사회적 힘도 여기에 집중되는데 섭섭하지 않냐?"고 질문을 했다. 그때 모든 조합원들이 하나로 답해 기자를 놀라게 했다. "아니에요. 이 투쟁으로 인해 비정규직 문제에 대해 사회적 관심이 높아져서 좋아요. 기륭이나 이랜드-뉴코아나 다 비정규직 문제니까요. 기륭 투쟁에도 힘이 돼요." 연대는 단순한 품앗이가 아니라 바로 내가 해야 하는 투쟁의 확산이요 심화였다.

생계 때문에 어쩔 수 없이 떠난 조합원들을 시장에서 우연히 만났다. 그는 1년 사이 3번 해고됐다고 말했다. 기륭 문제가 사회적으로 알려지면서 구로공단에선 '3개월은 합법적으로 고용할 수 있고, 한 차례 연장할 수 있다'는 파견법 조항을 악용해 3개월, 6개월 초단기 계약을 강요하고 있었다. 파견 문제 해결을 위해 싸웠는데 악화된 현실에 망연자실. 우리가 작았다. 우리의 구호 '불법파견 정규직화'는 본질을 찌르지 못했다. 조합원 전체 회의에서 자연스레 이 문제를 토론하게 되었고, 그동안 우리가 외쳤던 '불법파견 정규직화' 구호는 '파견법 철폐'로 바뀌었다.

2008년 우리는 죽을 각오로 1,000일 투쟁을 전개했다. 하이서울페스티발 조명탑 농성, 구로역 CCTV 철탑 농성, 전 조합원 단식 농성 등을 벌였다. 특히 마지막 단식농성은 문제 해결 없이 살아서는 땅을 밟지 않겠다고 마음먹은 투쟁이었다. 사회적 연대의 물꼬도 터졌다. 문화예술인들이 첫길을 내고, 광우병 쇠고기 반대 촛불을 들었던 시민들이 큰 강이 되었다. 학생, 정당, 철거민, 교수, 의료인, 종교인 등 노동조합을 비롯해 다양한 사회단체의 많은 분들이 손잡고 함께 싸웠다.

수많은 사람들의 연대와 평균 30일을 훌쩍 넘긴 전 조합원의 단식 그리고 94일간의 단식에도 저들은 꿈쩍하지 않았다. 사회적 이슈는 제기했으나 문제는 해결하지 못한 1,000일 투쟁의 마무리는 우리에게 또 다른 갈림길이었다. 몸도 마음도 무너져버리는 것 같았다. 하지만 우리는 다시 마음을 다잡았다. 이렇게까지 싸웠는데 해결이 안 되는 이유는 결국 '악법'의 문제다. 파견 노동이 노예 노동임을 알고 있는 당사자인 우리가 할 수 있는 한 마지막까지 최선을 다해 문제를 제기하자고 마음을 모았고 광화문 광장, 청와대 앞, 시청 등에서 1인 시위와 선전전을 했다.

이러한 과정에서 법의 문제이니 정치적 투쟁을 해야 한다고 판단했고, 2010년 오석순 조합원을 서울시의원 비례 후보로 출마시켰다. 그리고 함께 오체투지를 하며 파견법, 비정규직법, 특수고용 노동자 등 비정규직 의제를 비정규 당사자들과 온몸으로 말했다. 신자유주의에 맞서 투쟁하는 노동자들이 정치의 주체가 되자며 2012년 대통령 선거에서 노동자 후보를 내고 비정규직 문제를 슬로건으로 내걸고 투쟁하기도 했다.

1,895일간의 투쟁 끝에 2010년 11월 1일 노사 간 합의를 통해 기륭전자 정규직으로 복귀하는 서명을 했다. 승리였다. 하지만 기업 측의 합의는 언제나 거짓이 8할. 현장에 복귀한 우리는 사측이 야반도주하는 꼴을 봐야 했다. 우리의 결론은 간단하다. 승리해도 승리가 지켜지지 않는 비정규직의 설움을 없애기 위해 고통의 근원인 비정규(법) 자체를 폐기해야 한다는 것. 그래서 2014년 12월 청와대를 향해 이제 '비정규직 법 자체를 폐기하자'며 눈 쌓인 거리를 온

몸으로 기었다.

　지금도 우리는 투쟁 목표를 달성하지 못했다. 그래도 문자 해고로 남발되던 구두 해고를 서류상 해고로 진전시킨 것, 불법파견 확인 즉시 고용 의무로 개정된 것 등 작은 변화를 이루었다. 비정규직 없는 세상만들기 네트워크, 희망버스, 비정규 노동자의 집 등 비정규직을 위해 투쟁할 때마다 작은 힘이지만 사회적 연대를 함께하고 있다. 우리는 노동법 개악을 막는 투쟁, 박근혜 정부 퇴진을 위한 투쟁을 하면서 거리의 정치를 경험했고, 이를 통해 노동자·민중이 주인이 되는 정치가 필요하다는 걸 다시 한 번 절감했다.

김소연_기륭전자분회 조합원

　모든 노동에 바칩니다

정치적인 권리를 누릴 수 있어야 한다

노동자들은 위계와 경쟁을 거부하고, 같은 처지의 노동자들과 단결하고
투쟁하고 연대하고 정치적으로 나설 권리가 있다. 이것은 어떤 이유로도
제한되거나 형사처벌 대상이 되어서는 안 된다.

- 비정규직 없는 세상을 위한 사회헌장 제18조

JTBC 드라마 〈송곳〉에는 주인공이 집회 신고를 위해 경찰서에서
달리기를 하는 에피소드가 나온다. 회사 앞에서 집회를 하려는 노동
자들을 막기 위해 회사가 계속 집회 신고를 내기 때문이다. 경찰은
이를 조정한다며 노동자 측과 회사 측에 달리기를 시키고, 이 달리
기에서 이긴 쪽만 집회 신고를 받아준다. 다소 황당해 보이는 에피
소드. 하지만 이는 실제 있는 이야기다. 기륭전자분회 비정규직 여
성 노동자들은 회장 집 앞에서 집회 신고를 내기 위해 매일 동작경
찰서 앞에서 달리기를 해야만 했다.

집회, 시위, 연대, 정치. 우리 사회가 노동자들에 대해 유난히
예민한 단어들이다. 특히 비정규 노동자들이 이 단어를 꺼내면 이는
불손한 것으로 치부된다.

정당 활동 이유로 해고된 비정규 노동자

"아직도 혼란스러워요. 정치 활동은 태어나면서 부여받는 권리 아
닌가요. 헌법재판 결과를 뒤져보니 2004년 위헌이라는 판례가 있더

군요. 공무원은 정치를 못하도록 돼 있지만, 나는 공무원도 아니잖아요. 모두 같은 처지인데, 누구는 잘릴 수 있는 게 충격적이었어요."

2007년 12월, 공무원연금관리공단에서 4년간 계약직으로 일해온 한 비정규 노동자가 계약 해지됐다. 공단은 해고 사유로 "직원이 정당, 기타 정치 단체에 가입하거나 정치 운동에 참여하는 것을 금지한다"는 인사규정 47조를 제시했다. 노동자가 민주노동당 활동을 했다는 이유로 해고한 것이다. 그러나 회사가 규정으로 제시한 정당 활동에 대한 해고는 2004년 헌법재판소에 의해 판단을 받은 바 있다. 2004년 공공 기관 노동자들의 정당 활동은 합법적이라고 판단했기에 인사규정은 법 위반인 것이다. 2008년 4월 지방노동위원회는 이 계약 해지가 '부당해고'라고 판단하고 '원직 복직'을 판결했지만 이는 이행되지 않았다.

투표에서 배제된 비정규 노동자

비정규 노동자의 정치적 권리 박탈 실태는 투표를 보면 노골적으로 드러난다. 2011년 중앙선거관리위원회에서 발표한 〈우리나라의 비정규직 근로자 투표 참여 실태조사에 관한 연구〉에 따르면 18대 총선에 참여하지 못한 비정규직 중 64.1퍼센트가 '참여가 불가능한 상황'이었기에 투표에 참여할 수 없었다고 밝혔다. 누구에게든 보장되어야 할 투표의 권리가 보장되지 않았다는 것이다.

실제로 2012년 국회의원 선거 당시 많은 대기업 하청업체들이 특근을 진행했다. 제품의 납품 기일을 맞추기 위한 어쩔 수 없는 선택이라고 말했지만 정규직은 특근을 하지 않았다. 언제 해고될지 모르는 비정규 노동자들은 회사 관리자가 납품 기일이 촉박하다며 지시를 내리면 어쩔 수 없이 출근을 할 수밖에 없다. 제조업만이 아니다. 카페나 편의점, 건설 현장 등의 일터가 선거일이라는 이유로 쉬지는 않는다.

위에서 언급한 또 다른 통계는 투표에 참여하는 시간을 유급 휴무 또는 휴업으로 인정받는 비정규 노동자의 비율은 22.7퍼센트에 불과하다고 말한다. 대의민주주의 체제에서 기본적으로 보장되어야 한다는 투표권 역시 비정규 노동자들에게는 먼 나라 이야기인 것이다.

사용자를 비판할 수 없는 비정규 노동자

현대자동차는 대법원에서 수차례에 걸쳐 불법파견 판정을 받은 바 있다. 이에 대해 현대자동차 비정규 노동자들이 '파견법 위반한 범법자, 불법파견 범죄자 정몽구 구속'이라고 피켓을 들면 어떻게 될까. 곧바로 명예훼손으로 소송을 당한다. 현대자동차 비정규 노동자들만의 문제는 아니다. 포스코에서는 노동자들이 광양제철소 정문 앞에서 집회를 열고, 사용자를 비판했다는 이유로 노동조합 활동가 3명에 대해 명예훼손과 무단결근 등의 혐의를 걸어 일방적으로 해고를 통보한 바 있다. 이처럼 비정규직 노동자들이 원청에 의해 피해를 당한 내용을 선전물에 담거나 할 경우 명예훼손으로 소송을 당하는 일이 부지기수다. 노동자들의 생존을 위한 투쟁에 명예훼손이라는 형사처벌 조항을 적용하는 것은 노동자들에게 정치 활동을 하지 말라는, 생존을 위한 투쟁에 나서지 말라는 협박과도 같다.

비정규 노동자들이 공장 안에서 집회를 하는 것을 가로막는 경우도 많다. 비정규 노동자들의 고용주가 본인이 아니라며 노동자들의 집회에 대해 시설보호권을 행사하는 것이다. 그러나 실제 노동자들의 노동조건은 원청의 한마디, 원청의 방침 하나에 좌지우지되는 경우가 많다. 또한 집회는 약자들이 자신들의 요구와 목소리를 전하기 위해 어쩔 수 없이 선택하는 집단행동의 성격이 짙다. 집회가 아니고서 본인들의 요구를 드러낼 방법이 없는 것이다. 그러나 회사는 용역과 돈을 동원해서 본사 인근 집회 장소를 선점하고, 노동자들의 공장 안 집회를 가로막는다. 그리고 집회를 빌미로 노동자들의 쟁의행위 전반에 불법 딱지를 붙이고 탄압한다. 노동자들이 자신들의 권리를 온전히 주장할 수 있도록 회사의 시설보호권보다 노동자들의 집회·시위의 권리가 우선해야 한다.

연대의 권리, 정치 투쟁의 권리

업종이 비슷한 비정규 노동자들의 경우 서로의 노동조건이 서로에게 긴밀하게 영향을 미친다. 일례로 삼성전자서비스의 비정규 노동자들의 노동조건과 케이블방송통신 비정규 노동자들의 노동조건은 매우 유사하다. 그렇다보니 어느 한쪽의 처우가 악화되면, 다른쪽의 처우도 악화되는 경우가 많다. 공단의 노동자들 역시 마찬가지다. 어느 한 곳에서 임금이나 노동조건을 변화시키면 이러한 변화가 전 공단에 영향을 미치기도 한다. 그렇기에 노동자들이 연대하는 것은 단순히 남의 일에 숟가락 하나 올리는 것이 아니다. 연대는 본인들의 문제를 해결하는 가장 빠르고 정확한 길이다.

업종만의 문제가 아니다. 정부의 노동 정책 역시 비정규 노동자 전체에게 직접적인 영향을 끼친다. 박근혜 정부는 노동시장 구조 개혁이라는 이름으로 비정규직을 확대하려고 시도하고, 저성과자

해고나 취업규칙을 일방적으로 변경하도록 하는 조항을 만들려고 했다. 정규직 노동자들은 오랫동안 노동조합을 하면서 만들어진 힘으로 회사의 일방적인 노동조건 변경에 저항할 수도 있고, 단체협약에 따라 어느 정도의 권리는 보호받을 수 있다. 그러나 노동조합을 만들고, 단체행동을 하는 것 자체가 어려운 비정규 노동자들은 그런 보호를 받기 어렵다. 그렇기에 비정규 노동자들에게 법과 제도, 즉 정치를 바꾸는 투쟁은 절실할 수밖에 없었다.

여전히 정부와 기업은 노동자들의 연대 투쟁과 정치 투쟁에 대해 학을 뗀다. '종북좌파'라며 노동자들에게 빨갱이 딱지를 붙인다. 그러나 노동자들의 자기 권리를 위한 투쟁, 특히나 비정규 노동자들의 권리를 향한 투쟁은 필연적으로 연대 투쟁이고, 정치 투쟁일 수밖에 없다. SK 브로드밴드 설치수리 기사들이 LG 유플러스 설치수리 기사 노동자들과 연대하는 것, 거제의 조선소 하청 노동자들이 조선 산업 구조조정에 맞서 울산의 조선소 하청 노동자들과 연대하는 것은 본인들의 권리를 지키기 위해 반드시 필요한 일이다. 이처럼 권리를 지키기 위해 노동자들은 더 많은 노동자들과 연대할 수밖에 없다. 그렇기에 모든 연대 파업과 정치 파업은 정당하게 인정되어야 한다.

오진호_비정규직 없는 세상만들기 네트워크 집행위원

모든 노동에 바칩니다

초판 1쇄 펴낸날 2018년 6월 27일

지은이	비정규직 없는 세상만들기 네트워크
	전국불안정노동철폐연대
펴낸이	박재영
편집	강혜란, 임세현
디자인	윤선호
펴낸곳	도서출판 오월의봄
주소	서울시 마포구 양화로 133, 1605호
등록	제406-2010-000111호
전화	070-7704-2131
팩스	0505-300-0518
이메일	maybook05@naver.com
트위터	@oohbom
블로그	blog.naver.com/maybook05
페이스북	facebook.com/maybook05
ISBN	979-11-87373-37-7 03300

이 도서의 국립중앙도서관 출판예정도서목록(CIP)은 서지정보유통지원시스템 홈페이지
(http://seoji.nl.go.kr)와 국가자료공동목록시스템(http://www.nl.go.kr/kolisnet)에서
이용하실 수 있습니다. (CIP제어번호: CIP2018016587)

• 책값은 뒤표지에 있습니다. 잘못된 책은 바꾸어 드립니다.